無聲的抗議

青少年的心理困擾

林少峯　黎子良　著

商務印書館

無聲的抗議 —— 青少年的心理困擾

作　　者：林少峯　黎子良

封面插畫：古頌一小朋友

責任編輯：cho

封面設計：黃鑫浩

出　　版：商務印書館（香港）有限公司
　　　　　香港筲箕灣耀興道 3 號東滙廣場 8 樓
　　　　　http://www.commercialpress.com.hk

發　　行：香港聯合書刊物流有限公司
　　　　　香港新界大埔汀麗路 36 號中華商務印刷大廈 3 字樓

印　　刷：美雅印刷製本有限公司
　　　　　九龍觀塘榮業街 6 號海濱工業大廈 4 樓 A 室

版　　次：2020 年 7 月第 1 版第 1 次印刷
　　　　　© 2020 商務印書館（香港）有限公司
　　　　　ISBN 978 962 07 6644 2
　　　　　Printed in Hong Kong

序一

　　誠意推薦這本十分適切香港，以至其他城市的真實處境
的好書；因為全球都受「新冠狀病毒」威脅，再加上不同原因
造成的社會運動及抗議的集會，引發不同年齡或背景的人士
都呈現心理困擾的狀況。

　　本書的作者林少峯博士及黎子良博士都是研究心理困擾
的學者，並且累積多年心理輔導的經驗。全書每一章都深入
地展示青少年的心理困擾狀況，專業地分析成因，更提示一
些可行的走出困局的方案。

　　列舉本書幾章的主題便可知兩位專家真是緊貼今天青少
年心靈的深處：〈鎅手不痛，因為我的心更痛〉、〈「機」不可
失〉、〈非典型被排擠的青少年〉及〈無聲的抗議〉。

　　我深信每一位老師、家長、青少年工作者甚至普羅大眾
都會在細讀這本書後，更能明白和理解當今青少年的心理狀
態和需要。

蔡元雲醫生
「突破滙動青年」會長
2020 年 6 月 10 日（香港）

序二

　　認識林少峯博士多年，印象深刻的是她在教育心理輔導專業上的委身和豐富經驗。

　　她多年來專注青少年情緒行為的輔導和研究，範疇包括焦慮抑鬱、校園欺凌、自毀行為等。正如她過去多本教育心理輔導著作，今次出版的《無聲的抗議 —— 青少年的心理困擾》，主線都是香港近年兒童和青少年身心成長常見的問題，內容都是她多年以來在前線輔導工作所累積的心得。今次書中談及的「自卑」、「拒學」、「無聲抗議」等等已是在本地蔓延多年的現象，實在值得社會關注。

　　從書中的講述，我們看到她的輔導取向是以近代心理輔導理論為基礎和香港社會文化為導向，輔導進程是按部就班且適時調整，以配合個案的發展。她的輔導策略不是聚焦個案案主一人，而是看重案主整個家庭的功能發揮及週邊人士的配合。在個人層面，她着重掌握案主的家庭背景、成長往事、生活習慣、問題的根源和行為背後的原因，從而對症下藥，而不是單看他表面的學業成績或親子張力。在家庭功能層面，她致力改進案主與父母、家人（甚至祖輩）的彼此關係與互動。在學校層面，她盡力與校方商議應變支援措施和特殊配套安排，當中涉及校長、老師、社工及同學等持分者。

在情況許可下她亦爭取其他專業人士，如精神科專科醫生和言語治療師等的支援。

　　林博士在教育心理學方面有亮麗的學歷與專業資格。在書中，她沒有賣弄心理學高深艱澀的理論和術語，反而運用淺白精簡的文筆，深入淺出地闡釋心理輔導的理論與個案實踐。在每一章的結尾，她都點出精警和實用的「情緒錦囊」相關重點及「思考課題」，促進讀者了解該章的輔導要訣。

　　世界知名的美國心理治療師維珍尼亞・薩提爾（Virginia Satir, 1916-1988）曾說過以下發人深省的說話：「Problems are not the problem; coping is the problem.」（問題本身並不是問題，如何處理才是問題。）在書中林博士正是分享難題處理的竅門。她所闡釋的理論和實踐經驗切合當前社會的需要，誠然是家長和前線教育或輔導工作者很寶貴和實用的參考。

　　是為序。

鄭德富校長
中華傳道會劉永生中學前校長

序三

　　我一向有個信念，認為書本是生活上的好幫手。

　　坊間可找到關於年輕人的書，例如：怎樣培養子女成材、如何達成志願或者從小就該學懂的甚麼甚麼……

　　可是，若然年青人因為情緒上出現了一些亂子，令他們不能過正常生活，便遑論學習甚麼大知識！此時家長徬徨，老師或會求助於專業的心理輔導，希望能令學生重回正軌。

　　這本書正好告訴我們，兒童及青少年的不良情緒會誘發怎樣的亂子，而作者就用經驗和專業去扶持他們。書中分門別類，容易理解。誠然，讀者看後當然不會變專家，但從中看到的真實個案，或者可以做到因為明白而避免讓事情變得更糟的效果。

譚玉瑛姐姐

資深藝員及節目主持人

自序

為甚麼要寫一本青少年情緒困擾的書？

我們看見很多青少年被困，很多家庭在掙扎，未能與孩子共舞的話，便容易與孩子搏鬥。家長如是，老師也如是，當大家在情緒中打滾時，都忘記了初衷，十分可惜。

作為學者，飽讀理論和研究，也緊貼日日新的科研報告；目睹世情，豈能漠視不理，故此將所學所知的，回饋社會。本書的價值不只是兩名學者教授大學和培訓老師的多年心得，還有大量前線諮詢和輔導青少年的經驗累積，再附以心理學的理論，冀望與讀者探討每一個青少年的需要和關注點。

這書原本命名為《看得見的和看不見的》，因為困擾孩子的事情多着，有看得見的，也有看不見的。

看得見的和看不見的

先說一下看得見的，香港青少年最常見的有學業壓力、家庭衝突、朋友關係破損、學校或網絡欺凌、父母的打罵和離異、男女感情困擾等。這些都令孩子心靈受傷，感到痛苦，但不能對人言，何處找到出路？這些甚至是導致自殺行為的風險因素，是近因、遠因或觸發事件，嚴重的甚至有一天會步上不歸路！

看不見的呢？也許很多人都不知道，踏入青春期時的大腦很忙碌，也很脆弱，任何對大腦的負面影響包括疾病、創傷、壓力、抑鬱，都可能會在此期間造成持久的後果。

大腦的重塑開始於十歲之後，並持續到二十多歲，剛好覆蓋了整個青少年階段。世紀初至今的大腦研究告訴我們，青春期的大腦很忙碌，就像我們搬家時裝修，會重新佈線，以增加整合和效率。童年時期，孩子像海綿一樣吸收知識，過程中大量神經連接減少，像花園要修剪。大腦這修剪過程是脆弱的時期。

人際神經生物學研究試圖將科學的所有領域及其他範疇，如藝術、音樂和文學等，「整合」到一個概念框架中探索現實。整合創造了調節的可能性，即注意力、情緒、情感、思想、社交互動和行為。「整合」的過程裏，系統中不同部分鏈接，當失去聯繫和分化出現時，混亂和僵化就會發生。近年，眾多研究表明，大腦整合能力受損，是許多精神和情緒疾病的根源。大多數主要的精神疾病，思想上，情緒上的焦慮，都會開始發作。修剪也可能會揭示遺傳上或經驗上脆弱的迴路。

改建區域在重建過程中需要關閉電力或管道。但是從長遠來看，青春期的大腦重建將帶來更精緻的能力，更佳的情緒平衡，更強的洞察力和更高的智慧，以及綜合所有能力產生的過程，將可創造幸福感和健康的人際關係。

坊間的書籍大都關於兒女管教、學習知識，有名人的意見，也不乏有心媽媽的經驗分享，甚至有食譜式的兒女管教書。他們都易讀而大眾化，但往往缺乏了理論根據和解釋。

常説，處理問題，要尋找出問題的根源。如果只觸及問題的表面，即使成功停止了孩子今天的一個動作，我們是沒辦法再一次把孩子叫停的。問題沒完沒了！

作者的挑戰

Z 世代的青少年的需要和困擾到底在哪裏呢？他們的生活殊不簡單，唸書要進入名校；考試要名列前茅；升學要選擇賺錢的學科；聖誕節表演要當約瑟、瑪利亞；校際歌唱或朗誦比賽要拿冠亞軍；打球游泳也要入選校隊，甚至香港隊；大學畢業要入「四小龍」工作；要賺上多少錢才有體面才可見人……這些都是今天香港典型家長的追求、請求、要求，甚至妄求！

按臨床的前線經驗，作者發現 Z 世代的青少年的情緒需要和困擾竟一環扣一環的，分割不開。例如不上學與抑鬱有關，抑鬱又與孤獨和自殘掛鈎。誰會料到通宵打機原來因被人排擠、欺負和抗拒？自卑竟與媽媽的言行舉止有關？依附出問題，原來又會拒絕上學……

挑戰促使我們想起一個安徒生的故事——《醜小鴨》，這童話相信是「童話之王」安徒生在心情不太好的時候寫的，他的日記有這樣的記錄：「寫這故事可使我的心情好轉一點兒。」

今天，帶大家重溫這一個古老又經典的故事。

《醜小鴨》這童話故事的主人是一隻「醜小鴨」，他出生在一個鴨場裏面，其他鴨子覺得他與自己不一樣，就認為他很「醜」。就連雞、狗、貓也隨聲附和，都鄙視他，欺負他。他

們都按自己的人生經驗和哲學來對小鴨評頭論足。反之,「醜小鴨」十分謙虛,沒有甚麼特別的要求,唯一的心願是可以到廣大的世界去走走就是了。有天晚上他看見了一羣漂亮的大鳥從灌木林裏飛出來……他們飛得很高,這羣大鳥發現「醜小鴨」是他們的同類:天鵝,就「向他游來……用嘴來親他。」原來,「醜小鴨」也是一隻美麗的天鵝!

安徒生是丹麥人,自幼家貧,父親是個鞋匠,他年幼時經歷很多不幸:父親病逝,母親亦改嫁。十四歲的時候,生活所迫,離開故鄉到首都哥本哈根謀生。後來在別人的幫助下,他進了哥本哈根大學。他的創作有《美人魚》、《醜小鴨》、《國王的新衣》、《賣火柴的小女孩》等童話故事,刻畫人生的悲酸之餘,也帶有歡笑,還充滿愛心,極具現實性和故事性。

安徒生本身就是典型的「醜小鴨」。這篇童話一般都認為是安徒生描寫他童年和少年時代所遭受的苦難,他對美的追求和嚮往,以及他通過重重苦難後所得到的藝術創作上的成就和精神上的安慰。

但是,今天我們要帶引大家把焦點放在鴨媽媽身上。

鴨媽媽她孵了很多隻小鴨,她如何對待這外觀特別異樣的「醜小鴨」呢?

她有因「醜小鴨」的外表感到羞愧嗎?

她有避免和「醜小鴨」一起外出嗎?或者把他藏匿起來?

她有沒有試圖改變「醜小鴨」?為贏得掌聲,將他的外表作任何努力去包裝?使他成為別人的欣賞對象或模式?

她怎樣回應其他人的閒言閒語?

看來鴨媽媽沒有對「醜小鴨」有甚麼特別的對待,故事中

沒有提及她怎樣回應其他人的閒言閒語，因為莫衷一是，所以不值一提！她也沒有把他藏匿起來，因為小鴨子與其他鴨子一起游泳，也自由地一起走來走去。小鴨子沒有壓力，沒有創傷，沒有煩惱，也無需抗議。

鴨媽媽對孩子的態度是完全接納，沒有追求，沒有壓力，也沒有煩惱。

讓我們一起向鴨媽媽請教，如何與 Z 世代的青少年共舞。

謹以此書獻給每一位啟發我們的 Z 世代青少年，
文中各個案的孩子和家人，
每一個案都給予我們寶貴的反省和學習經驗。

2020 年 6 月於香港

目　錄

第一章

我學會了自卑

　　霖霖很累，才五歲多，要奔波勞碌，去學英文會話、鋼琴、唱歌、游水、跳舞、戲劇，還要上學、唸書、做功課……霖霖會突然大哭起來，還叫嚷着：「累死人了！為甚麼呢？」

　　霖霖的媽媽在講電話：「我的孩子只進入了第二等級的學校，只差一點點，她其實可以進入鄰居孩子那名校的！還是她不應該在應考那天發脾氣，不願意按老師的要求唱一首歌，我多惱她呢！為了她的入學面試，我用了多少金錢和精力！先換名貴房車、聘兩個月司機、臨時搬家到名校區、為她聘用西人私人英語補習老師和唱歌老師、上説話訓練班、為她度身訂造面試時穿的裙子和我們的西裝……十分累呢！她知道我們為她的付出就好了，還不合作，不配合我們策劃了的！」

＊　　　　＊　　　　＊

　　正在唸中四的梓楠十分氣憤地道：「我的父母不是有錢人，不能隨便説供我去哪裏升學就可以去。但是，他們都要求我一定要讀大學，像我這樣的『波牛』，沒有興趣唸書，感到力不從心，並且看不見有哪一學科會收我進入大學讀。看！我的校內試中英數都不及格，如何找大學讀書？」

　　「媽媽對我的要求，我是理解的，今時今日沒有大學學位，確實不知道可以從事甚麼工作！我着實也苦惱。討厭的是我的爸爸，經常在我面前『曬』同事的兒子有多棒，有多聰明，還説去年入讀了科大工程。他哥哥的子女全部大學畢業，現在都高枕無憂云云，

聽上去很討厭、很厭煩呢！為甚麼要把我和其他人比較？當我打波拿獎牌時，又不見他們會與親戚朋友比較？誰有我的本領？

事實上，我讀書的成績不如理想，比不上任何親戚的子女！但是，我自小學已經追不上課程標準……

我學會了自卑！」

自卑感是教出來的？

自卑的心理學

甚麼是自卑？自卑是知道自己有些地方不如人，而產生一種卑下的感覺。這可以是身體上的，例如高矮肥瘦，如果孩子總是排隊排在最後面，坐在最前面，個子特別細小，即使同班同學沒有笑他，其他班孩子也會笑他。這時，卑下的感覺便產生了。不如人的地方也可以是能力上的，例如運動，孩子因為手肌沒有其他人靈活，球場上表現往往不如人，球技比較好的同學會選擇不把球傳給他呢，這也產生一種卑下的感覺。奧地利心理學家阿德勒（Alfred Adler）在他的著作《自卑與超越》（*What Life could mean to you*）中發表他的理論，他認為這卑下的感覺是人的一種基本狀態，沒有甚麼不正常；也同時是一種令人奮鬥和向上的原動力。

但是，當人經過不斷努力嘗試，仍無法改變現狀，「補償」

和擺脫那種自卑感時，可能會產生負面想法，例如：「我根本沒有能力改變現狀」、「我沒用」、「我能力就是比別人差」。這樣子就會演變成所謂「自卑情結」，還容易覺得自己整體上都很沒用，甚麼能力都總是不如人，對生活和前途充滿無力和無助感。換句話說，當我們與其他人缺乏相同條件的情況時，我們的自我接受程度便出現問題，因而產生心理上的障礙。青少年會因自卑情結而引起的挫折感尤甚！

甚麼決定我們的自我接受水平？

孩子打從呱呱落地，體內就存在一個反饋機制。在這個與生俱來的反饋機制中，孩子透過完成不同的成長任務以認知、肯定「我」的存在，例如一歲孩童的成長任務有學習走路、拿東西、說話等；少年的成長任務則是努力學習。「我」的肯定便是透過實踐各式各樣的成長任務而不斷進化，自信心便會累積起來，成為達到這些成長任務的重要裝備。

當然反饋機制除了內在的，還有外在的。外在反饋指的是孩子對周邊環境以及人、事、物的反應，而父母正正就是子女接觸最早及最多的人物，所以家長對子女自我存在的肯定和自信的建立有着舉足輕重的影響力。

有研究指出，通常在八歲之前，孩子因為缺乏獨立意識的能力，而缺乏了理解和接受自己是獨立個體這身分。所以，孩子接受自己的程度大都來自他們覺得父母對他們的接受程度。這裏要留心兩點，一是孩子覺得父母接受自己的程度，並不等於父母真正接受他們的程度；二，父母接受孩子的程

度，原來影響我們一生如何接受還是不接受自己！

先談感覺。孩子如何感覺到父母對自己的接受水平呢？首項是從父母的評價開始。評價可以是身體上、能力上、智慧上，甚至角色上和品格上。這個可特別了！中國人愛稱自己的孩子是「犬兒」、乞丐子；見到別人的嬰兒要說他／她長

鄺司睿

相醜；家總是「寒舍」。難道沒有富有的，也沒有長得像樣的中國人？無怪乎中國人和中國語言習俗總是那麼的謙卑！也正正反映出中國人父母不擅讚賞子女的特性。

話說回來，今天父母如何評價孩子，就是孩子將來如何接受自己的準繩。

有天，妹妹櫻櫻有點悶悶不樂，姊姊嬅嬅便和她上街去湊熱鬧，解解悶。百貨公司裏，嬅嬅看見一條裙子，十分漂亮，也很合妹妹穿着。她興高采烈地高叫妹妹快來試穿，豈料妹妹沒神沒氣地把裙子放回原處。追問之後，才知道妹妹竟然記得小時候媽媽跟她說過的一番話：「櫻櫻，你的小腿怎麼長得那樣粗大？不好看，也『不好意頭』，千萬不要給別人看到！嫁不出去可糟糕。」原來，櫻櫻一直對此番話耿耿於懷，只是廿年來一直保持緘默，從沒提及。媽媽的話直截了當，毫無修飾也不留餘地，孩子聽到必定傷心透了。這話是對櫻櫻長相的彈劾、不滿意和明確地否定。這是明明的「不接受」

反應。可憐的是孩子無罪。而且這件事是無法改變的，試想櫻櫻的心有多痛？孩子最信任的是爸媽，他們的話定必照單全收，媽媽的一番話，先是對孩子自信心的一大打擊，然後，媽媽還對她的將來作負面推測和假設，十分可怕。自此以後，孩子學會了掩飾自己，因為原來自己的價值有受質疑和批判的危險。自我形象必然像建立在沙石上，只知道自己的不足，和羞於給人看見自己的小腿。媽媽教授了櫻櫻甚麼？原來接受別人是有附帶條件的，婚嫁也會取決於一個人的外表。

櫻櫻學會了自卑！媽媽着令她不要給人看見她的腿，櫻櫻覺到媽媽對自己的不接受和對粗腿子的不欣賞，這是否定！

父母的肯定對子女有長遠影響，故此，得不到恰當欣賞和清晰肯定的孩子，長大以後仍會容易感到自卑、被忽略、迷失和費力去肯定自己的方向，自我評價偏低，最後只有戰戰兢兢地等待別人去評價自己。

更糟糕的是，媽媽沒有給她在其他方面的肯定，好使櫻櫻有良好一點的感覺。正面肯定子女的機會是可以製造出來的。例如，媽媽可告訴櫻櫻她的皮膚白晳可人，是很多人夢寐以求的；她的性格溫和，善解人意，甚得人心；她的學習能力高，因她睿智過人，理解力強。每個孩子都是獨特的，父母可從不同角度欣賞子女的優點和強項，切勿過於側重個別方向的發展，而忽略了子女獨特的美。

父母何以教會孩子自卑？

確立孩子是家庭重要成員的身分 —— 家中無謊言

　　為保護孩子，免受風吹雨打，不少父母承傳報喜不報憂的
宗旨。縱使家中遇上困難、疾病，或不愉快事件，總會考慮
不讓孩子知道，「他們還小呢！」。可是，家長的謊話和隱瞞，
對孩子造成的傷害是極沉重的。一旦謊話被刺破，孩子會質
疑自己在家中的地位，甚至否定自己的存在價值，認為自己
幫不上忙，才被蒙在鼓裏呢！曾有一位媽媽給孩子零用錢，
只給了哥哥，弟弟有天發現後，不但極度憤怒，還感到自卑，
認為媽媽心目中只有哥哥了。又有孩子的外婆患病，已知道
不治，父母害怕孩子受打擊，竟欺騙孩子說外婆回鄉下去了。
年復年，外婆從不回來，也杳無音訊，孩子後來得知事實，哀
傷之餘，感到自己不重要，不可以參與家裏的大事，連說再見
的機會都被剝奪了。不少正在辦離婚的父母都選擇瞞騙孩子，
但是，當他們從其他親屬口中聽到父母的關係有問題，並且
有不同版本時，將會是更加難接受！坦白加引導，告訴孩子
的方式要配合孩子年齡的理解能力，也不要引起恐懼和焦慮，
才是上策！

自卑的開始

父母都愛把自己的孩子與親戚的比較，包括身材大小、肥瘦高矮、面貌健康等；更愛比較誰就讀的學校更著名，更有前途，還要比拼成績和得分，老師的賞識和獎賞等。

有些父母並不在意地一味以自己的標準來要求孩子，一旦達不到目標，就「惡言相向」，給孩子的自尊造成打擊。

孩子如果學習方面確實力有不逮，爸媽都採取一般時下要「催谷」的態度的話，首先，孩子會感到吃力，繼而會覺得爸媽的壓迫因不明白他，再而因往往達不到爸媽的目標和要求而吵吵鬧鬧。爸媽心情不佳，也產生恐懼，害怕孩子追不上甚麼甚麼……當孩子目睹爸媽的情緒也惶恐不安，達不到他們的要求時更帶來挫敗感！當聽到爸媽說誰和誰都做到了的時候，孩子心裏更焦急，卻又力有不逮，心想：「原來爸媽都覺得我比不上誰和誰，那我真倒霉，我沒用！」此等自我否定便是自卑的開始。

幸好醜小鴨的媽媽沒有拿醜小鴨的體形和相貌與他的兄弟姊妹比較呢！理論上，天鵝的體形應比小鴨子肥大很多，他的「不相同」並沒有為他帶來任何煩惱，皆因媽媽就是隨着他的本來長相接納他，他不會自卑，因為根本沒有機會得知那是甚麼回事。

對孩子未來的負面預測

「長大了沒有大出息！」、「你真的沒用！」、「將來嫁不到好人家！」等等。

孩子都是一個獨立的個體，無論是嬰兒、兒童或青少年，父母只應帶引他們的發展，卻不能以自己的標準作要求，控制他們的方向，更不應為他們的未來作任何預測或批判，影響他們的一生。

孩子無論甚麼年紀，都憧憬着一個無法預知的未來，心裏帶着興奮和無限期待去面對下一個里程碑。打擊孩子對未來的美好憧憬，不但帶來失望，並且引起他們對將來的恐懼、焦慮和擔憂。哪有女孩不憧憬穿着婚紗的夢？哪有年青女孩不愛穿時髦的短裙子和牛仔褲？這些經驗都是成長必然經過的掙扎、渴求和身分認同。櫻櫻這權利早被媽媽剝奪了，她還要對自己的結婚機會一直存疑，媽媽的話為她的美麗夢境蒙上了黑黑的罩。

棚仔爸爸看見棚仔玩樂高積木玩得很開心，在旁助興，豈料試了好多次，棚仔都沒法砌成小房子。每次眼看就要成功了，卻轟然倒塌，令他害怕再去嘗試，頹然放棄……令爸爸感到十分掃興之餘，還有點失望，於是生氣地說：「你真的沒用！」、「長大了沒有大出息！」

從爸爸說棚仔長大了沒有大出息的那刻開始，孩子的心受傷了，就像被刀割一般，很痛。爸爸的說話，判決了他的能力，亦為他下了一生的斷語。孩子相信爸爸的話，就會覺得自己笨，相信自己長大了甚麼都做不來，做不好。自卑的種子

就是這樣從一句說話開始萌芽。將來棚仔遇到困難，他會缺乏信心解決事情，爸爸早已斷定自己無出息，找他也沒有用。於是，遇到困難，他也不敢找爸爸商量和求助了。這是非常可惜的，因為爸媽正是孩子最接近、最不費力、最可信任的資源，應該是隨時隨地可提供無限量支援和幫助的最安全網絡。然而，小孩感覺不到爸爸對他的接納，他對爸爸的信任、對自己的能力和將來的夢想都同樣喪失了。

羞辱性的說話或髒話

有些時候，成人會不自覺說了一些羞辱性的說話（包括髒話），或是羞辱外表，或是羞辱動作，或是羞辱能力，或是羞辱關係⋯⋯我們以成年人的尺度來錯誤衡量孩子的心靈容積！即使是我們以為只是說開玩笑的話，也可能對孩子的心理打擊嚴重！特別是當我們講一些「潮語」。作者在 2007 至 2008 年的研究和不少香港同類型研究中的孩子都指出他們最討厭父母笑他們「像豬」、「死蠢」、「低能」、「蠢過豬」、「豬頭丙」、「冇鬼用」、「生叉燒好過生你」。不少香港同類型的研究都得出此結果。

當孩子（任何年紀）仍然在對自我未能確定的階段，此等說話進入了耳，也進入了心，孩子便在質疑：自己真的愚蠢？像豬？當遇見難題解決不來時，便輕易歸咎父母所斷定的「愚蠢本性」，喪失原本應有的動力，嘗試發揮創造力，試圖找不同的方法去解決問題和疑難，這些都是孩子和青少年本來的力量和強項，卻因曾受父母的無意「羞辱」，而否定了自己的

能力和自信，這是否太可憐呢？不是説，孩子完全沒有復元的機會，但總費時和費力。轉捩點可能是中學時遇見賞識他的老師，愛他、稱讚他的才能，或者，足球場上他踢了很漂亮的一球，同學們都另眼相看，改變了他的自我觀。這樣一來，要看機遇，也要依靠他如何的發揮正面思維⋯⋯不是比較由父母早已給予接納和肯定來得艱難和轉折？

父母接納的情操

甚麼是接受？

　　我們往往為自己制定了一套自己認可而「接受」的模式，作為標準，然後在生活中作出取捨。在任何其他試圖進駐自己生活圈子的模式，都必須獲得自我的檢驗、評價、然後同意。從表面看，接受是以既定的事實為前提，而實質上則是以個人「秘密」的自我的標準的確認為前提。接受反映的是個人與現實中一起生活的人與人之間的相互適應的關係，是個人如何處理她與外界所接觸的人和事的一種基本態度。曾經有一則新聞，爸爸告媽媽，鬧上了法庭。起因是粗眉大眼的爸爸，眼看眉清目秀的媽媽，他們生出來的孩子，必眉清目秀或粗眉大眼吧，這是他的私人機密確認標準，用來量度孩子的長相。豈料，三個孩子沒有一個的長相符合他的標準，因此，他們的長相對他來説，都不可接受！

　　不接受有甚麼後果？不快樂，不安，不停找答案，令自己舒服。

心理學及至最近十年的研究結果一直以來大致都顯示，當人能以接納的態度來面對自己和他人時，也就是秉持不論斷，放下自我，不過度執着的態度。縱然面對壓力，秉持接納的態度，比起採取評價或是中性的態度，能更有效降低心臟血壓的負荷，減少患病機會。對外在事物和內在自我的接納程度增加，就是說，我們能以更寬廣而不帶評價的心態去面對種種處境，心情自然平靜。哪來不快樂、不安、抑鬱和焦慮？

順其自然

讓我們向老人學習這功課吧。有沒有想過為何老年人一般會對事物有頗高的接納程度呢？隨着年齡的增長和閱歷，老人經歷了不少無法控制的事，特別是家人不快樂、不安，伴侶或親友的別離、患病或去世等。同時他們亦深深體會身體機能和記憶力、認知功能的退化，這些都是自己完全沒法抑制的。久而久之，在諸多不受控和缺乏確定性的生活中浸淫，老人鍛鍊出一種對生命接納的情操。也就是這接納的態度，能讓我們即使在不確定和未知之數的情境下，仍然能夠保有平常心來應對。順其自然的處事態度，不但能降低負面情緒包含不安、焦慮和生氣帶來的衝擊，還可進而提升自己的心理狀態：心裏有一種幸福的感覺。

我相信這也是醜小鴨的媽媽對生命一種接納的情操。也就是這接納的態度，沒有令她因孩子與眾不同而感到不安，更沒有因此做出種種行為令孩子困惑。醜小鴨所經驗到的是自我接納，因此他十分自由，還在夢想自己漫遊世界！

甚麼是自我接納？

　　自我接納與自尊雖然相關卻並不一樣。自尊特別指我們珍視自己有多寶貴，和有價值。自我接納指全面的自我肯定，不僅僅是正面的自尊和能事。當我們接受自己，能夠擁抱自己的各個方面，包括弱點和缺乏，沒有白皙的皮膚、修長的腿，也沒有圓大的眼睛；不及其他孩子機智，也沒有他們一樣靈敏的身手……因此，自我接納是無條件的，包括無任何資格要求。重點是，我們能夠認識自己的弱點和限制，但這種意識絲毫不妨礙我們完全接受和肯定自己。就以作者為例，雖然入水不能游，出水也不能跳，但是她就是接納自己是書呆子一名。

　　家長培養子女自信心的工作是恆常持久的，要持續有效地建立子女的自信，必先從父母的心態入手，因為**行為反映思想，思想出於心態**。父母任何時候都要保持尊重、重視與正面評價子女的態度。醜小鴨的媽媽這種對生命接納的情操，沒有比較，沒有批評，是一種毫無保留的接納。這種順其自然的生活態度，正正是新一代父母所應該學習的。

　　對孩子毫無保留的接納，以順其自然的態度生活。

新一代父母的學習：接納與承諾治療

父母因種種對孩子的「不接納」，而引發情緒上的「打滾」，

以致產生心理上的失衡和掙扎。

愛美的媽媽，看見女兒成長起來，又驚又喜之餘，十分好奇她們會長相如何，如何的像自己，像爸爸？或是非常漂亮，得人稱讚？還是平平無奇，與鄰家的女兒們不無兩樣！這已經是以個人「秘密」的自我標準的確認為前提的態度了。

美國心理學學教授史提芬‧海斯（Steven Hayes）提倡的接納與承諾治療（Acceptance and commitment therapy, ACT）在過去十年間成功應用在有慢性疾病的患者身上，這療法的關鍵在於透過鼓勵病人追求有意義的生命目標，而非着意在病痛上，這就減低了病人的焦慮和憂鬱。

當醜小鴨逐漸長大時，其他鴨鴨都指指點點，認為「牠」長得醜怪。作為媽的我，真的很難受，感覺有點無地自容：

「醜小鴨十分怪！對，他確實奇怪，脖子長長，身體龐大……我是他的媽媽，聽了很心酸呢！也感到受傷和自卑，怨天尤人：假如我們有錢，即時為他籌劃外科手術，使他看來與其他小鴨子一樣！鄰居小女孩在彈奏琵琶，蠻好聽呢，醜小鴨真倒沒有音樂天賦，但是，我們可以幫他一把吧！天天坐下來操練他，不也行嗎？」

接納並不等於批准或認同，沒有評價或企圖去改變它。

治療的目的不是尋找快樂或幸福（使他看來與其他小鴨子一樣），也不是尋找解決方法（為他籌劃外科手術，天天坐下來操練），相反，此療法是幫助我們活於現實生活中帶給我們的一切──（醜小鴨長來就是脖子長長，身體龐大，也沒有音樂天賦）。雖然如此我們欣然是醜小鴨的爸媽，沒有絲毫內疚或羞愧的感覺，也沒有因此而愁眉不展，更沒想過要去改變他／她！

美國臨床心理學家諾姆・施潘切（Noam Shpancer）也認為，去了解自己的不愉快的感覺，學習不採取行動也不去迴避問題。意味着我們有能力以「退一步」的態度，並觀察自己受到語言的情緒打擾時，而沒有被捲入其中。此療法的效果是隨着一個良性循環，相信當我們感覺良好時，可以幫助我們更好地了解真相，不是去改變他的身型，而是接受現實和現狀。我們經常太努力也太忙碌地應付問題，腦袋填得滿滿，沒有騰出空間來容納不愉快的感覺和感受，甚至其他個人經驗也如是。騰出空間來，好讓感覺來去自如，與之無掙扎，也不逃跑，或者給它們過分關注。

重要的是，我們手中要緊握着自己原來的價值觀看孩子和所發生的事，並能慢慢步向自己看重的和有價值的行為為目標。

有價值的行為為目標？像霖霖的媽媽？唸書要進入名校，考試要名列前茅；升學要選擇賺錢的學科；聖誕節表演要當約瑟瑪利亞，校際比賽要拿冠亞軍……今天，香港典型家長的追求、請求、要求、甚至妄求！

　　實際上，父母的焦慮、不安和勞碌，完全是因為「不接納」，而引發情緒上的「打滾」，以致產生心理上的失衡和掙扎。醜小鴨要的只是一片廣闊的天空，一羣小鴨與他一起開心和諧地成長，以一己所長，學習生活的基本技能，並有禮互助，便已足夠。龍生九子，也如此！

　　香港這小城生活忙碌，空間太小，競爭處處，家長難以不作比較。他們經常因同學或鄰居的一個信息，就害怕起來。尤其當今互聯網非常發達，信息爆炸，家長羣組之多，令人更加受壓。這時候，就是經常要作定期檢視的練習，經常要澄清在你的心底裏，甚麼才是最重要的，你要自己和孩子是甚麼樣的人，你認為甚麼才是對你和孩子們重要，並有重大意義的？還有，你想這輩子代表了甚麼？

　　簡單而言，父母只要注意到「問題」：醜小鴨；接受，繼而擁抱他們，尤其是以前不接受和不想要的東西。醜小鴨長長的脖子也可變成可愛之處！誰會想到醜小鴨原來實際上是天鵝？

　　每一個孩子都有他的弱項或缺乏的地方（像是患了病），如果父母只管接納，觀察並接受正發生的事，然後按已有的價值觀行動和生活，就必然減少了對孩子不必要的要求和追求，也大大減少了自己的壓力和引申出來的焦慮和憂鬱。

醜小鴨的話：
「我在這裏，打開胸襟，做重要的事。」

孩子再小，尊重、接納和肯定不可少

　　子女在父母心中永遠是小孩，而這「小」不單指身型、年紀，更伸延至經驗、能力和思想。誠然，父母的人生經驗比子女多，能力比子女高，判斷比子女準確，為免子女決定錯誤，特別在家長式的教養熏陶下，都會不自覺地把自己的喜惡和價值觀強加於子女身上，以個人「秘密」的自我確認標準為前提！

　　今天開始，好好檢視自己的「秘密」標準，不再強加於與你們完全不一樣的孩子身上！你們的孩子們不都是「醜小鴨」？

　　　　　醜小鴨的話：
　　「謹記，你也可以是醜小鴨的爸爸媽媽。」

情緒錦囊

聽、聽、聽

（聽） 聆聽孩子發牢騷，才可以知道他們所想的。給他們有宣洩的機會，他們的心靈才會健康。

（聽） 傾聽子女的心聲，明白他們的心境，提升交流，增進親密關係。

（聽） 聽從子女的意願才能讓他們發展所長，並擴大他們的發展空間和潛能。

唱、唱、唱

唱歌的特色在於重複，在大聲，和有人聽見。唱歌的時候會受內容帶動情緒。因此，必須唱正面積極的內容，令自己開心，也令聽者得到肯定而興奮、欣慰。

唱 首先，使孩子得到肯定：唱他們成功的、唱他們所擅長的、唱他們有進步的！

唱 其次，令孩子感到受重視：唱他們的出生有多珍貴，他們的長相有多美，唱他們的成長有多幸福，唱他們的歷史多有趣。

唱 第三，讓孩子明白自己的獨特性，不與親戚比較也不與同學、朋友相比：唱他們獨一無二的地方，唱他們特別的能力。盡力把每一個孩子與眾不同的地方都找出來。

當孩子感到受重視，自己的獨特性得到尊重，同時成功之處得到肯定，何來自卑？

哪裏有接納，哪裏就有自信。

思考課題

1. 你有類似個案中霖霖媽媽的經驗嗎？

　　_____

2. 你的孩子有類似梓楠的情緒和牢騷嗎？想一想，情緒的源
　　頭是甚麼？

　　_____

3. A. 醜小鴨的媽媽帶給了你甚麼啟迪？

　　　　_____

　　B. 你希望學習鴨媽媽哪方面的行為？

　　　　_____

4. A. 接納與承諾治療對你來說有甚麼意義？

　　　　_____

　　B. 你可以如何實踐？

　　　　_____

5. 從今天開始，我會停止向孩子説哪些話？

　　_____

6. 從今天開始，我要向孩子説哪些話？

　　_____

參考書目

林少峯、黎子良 (2014)：《望子成龍的迷思》，香港：中華書局，第一章〈龍生九子〉。

Brown, K. W., & Ryan, R. M. (2004). Fostering healthy self-regulation from within and without: A self-determination theory perspective. In P. Linley & S. Joseph, (Eds.), *Positive Psychology in Practice* (pp. 105-124). Hoboken, NJ: Wiley.

Harris, R. (2007). *The Happiness Trap: How to Stop Struggling and Start Living*. Trumpeter Press.

Hayes, S.C. & Smith, S.X. (2005). *Get Out of Your Mind & Into Your Life: The New Acceptance & Commitment Therapy*. USA: New Harbinger Publications.

Hayes, Steven C., Strosahl, Kirk D., & Wilson, Kelly G. (2012). *Acceptance and Commitment Therapy: The Process and Practice of Mindful Change* (2 ed.). New York: Guilford Press. p. 240. ISBN 978-1-60918-962-4.

Kenchappanavar, R. N. (2012). Relationship between Inferiority complex and Frustration in Adolescents. *Journal of Humanities and Social Science, Volume 2, Issue 2*(Sep-Oct. 2012), pp. 1-5.

Low, C. A., Stanton, A. L., & Bower, J. E. (2008). Effects of acceptance-oriented versus evaluative emotional processing on heart rate recovery and habituation. *Emotion, 8*(3), 419-424.

McCracken, L., Gauntlett-Gilbert, J., & Vowles, K. (2006). The role of mindfulness in a contextual cognitive-behavioral analysis of chronic pain-related suffering and disability. *Pain, 131*, 63-69.

McCracken, L., Vowles, K., & Eccleston, C. (2005). Acceptance-based treatment for persons with complex, long standing chronic pain: a preliminary analysis of treatment outcome in comparison to a waiting phase. *Behaviour Research and Therapy, 43*, 1335-1346.

Reivich, K., & Shatte, A. (2002). *The resilience factor: 7 keys to finding your inner strength and overcoming life's hurdles*. New York: Broadway Books.

Shallcross, A. J., Ford, B. Q., Floerke, V. A., & Mauss, I. B. (2013). Getting better with age: the relationship between age, acceptance, and negative affect. *Journal of Personality and Social Psychology*, 104(4):734-749.

Sheldon, K.M. & Elliot, A.J. (1999). Goal striving, need satisfaction and longitudinal well-being: the self-concordance model. *Journal of Personality and Social Psychology, 76(3)*, pp.482-497.

Shpancer, N. (September 8, 2010). Emotional Acceptance: Why Feeling Bad is Good. *Psychology Today*.

圖畫提供

頁 ix、1、5、13-14、16-18　鄺司睿，青年女子，自小診斷智力障礙與自閉症

第二章

壓力有毒？

中三學生陳承勝，他在手提電話中這樣寫：「Miss，妳不配做老師，因為妳沒有禮貌、也不尊重我們。上課只是刻板式的操練，是沒有思想那種！只懂壓迫我們……妳不如返鄉下耕田！」這學生當然被學校處罰。

羅老師其實對教育青少年非常熱心，只是她太年輕，沒有足夠經驗處理各種問題的學生。因此，她做了一件讓陳同學感到壓力十分大的事情。

她在班羣組上寫了一則 Whatsapp 信息，是公開敦促陳承勝及時提交作業。全班都看到這 Whatsapp 信息的，大家都知道他沒有提交作業。這本來不是甚麼大不了的事，但陳同學卻感到太尷尬了，觸發了他的自卑感（參閱本書第一章〈我學會了自卑〉）。他試圖隱藏它，並在班上的羣組回應老師，他沒有做家課，因為他因病沒有上課一個星期。可惜老師不夠敏感和細心，她不知道如何保護這個學生的弱小心靈和自尊心，她甚至在 Whatsapp 班羣組中與他爭辯，指已把功課交給他的母親。陳承勝連最基本的下台階也失掉。

陳承勝有的是要面對完成補做功課的壓力、向父母解釋這事件的壓力、面對同班同學閒言閒語或者嘲笑的壓力，還有是要面對自己能力和誠信的壓力！他感到的都是「失敗」！

我們可有想過，其實陳承勝在表達他對自己生活模式的不滿，包括他的學校生活和教他的老師。作者深深相信，這孩子說的是真心說話，但這樣說並不代表認同他的處理方法和對老師的態度。

我們這一代的青少年的寫照着實簡單：生來就已經是數碼世代。隨便拿來一部手機或一台電腦，不用閱讀説明書也能夠操作自如。自幼手不離手機，眼不休閱網站，當手在鍵盤時，眼必在屏幕上。對外界的事物毫無敏鋭度——真的是「眼到、心到、手到」！

有不少家長求助，説兒子經常不眠不休，每天打機 12 小時。其實不眠不休地打機，只是一種表徵行為，背後隱藏着要逃避的可能多着呢（參閱本書第五章〈「機」不可失〉）。我們可有想過，孩子像陳承勝的情況，如何面對和處理即時和長期的壓力？

　　阿倡，球場上是一名健將，籃球校隊的主打，羽毛球校隊領袖，排球隊隊長……幾乎無一種球類活動可以難到他。

　　星期日早上，不知道甚麼時候，阿倡外出了，媽媽知道是籃球校隊比賽最後排練日。誰知星期一早上，學校來電，告訴媽媽，由於阿倡星期日沒有出現重要的最後排練，他的參賽資格被撤消了，不可以代表校隊出賽，真是晴天霹靂。媽媽想：「阿倡昨天不是外出了？為甚麼會這樣子？他去了哪裏？」

　　焦慮的媽媽終於等到孩子回來，大門還未關上，媽媽已經等不及問阿倡，他星期日到底哪裏去了。豈料孩子滿不在乎的回應説：「不參加籃球比賽了，沒有興趣。退出校隊吧，沒有意思的。」頓時，媽媽給他的回應態度和説話嚇呆了。

及後，媽媽越想越不對勁，再向躺在沙發上獸着的孩子問話：「阿倡，為甚麼好好的在校隊，有表現，有成績，還是主打手，校際比賽又到了，突然説要退出校隊？星期日你去了哪裏，老師已經來電告訴我了，你根本沒有去參加最後排練！為甚麼你不快快向老師認錯和道歉，請他原諒並給予機會……」媽媽話未説完，孩子已打叉説：「我沒有錯，睡過了頭不是我想的！你們説夠未？不打就是不打。不再説了！」

球隊由一隊人組成，是一個圈子，一個社羣。每一個羣體自然會有自己的規範，辦公室內有自己的政治，同事間有特別的互動和動態，球隊內同樣有特別的互動，組員與組員之間有獨特的動態。這些動態往往不足為外人道。也經常構成相互的壓力，因為組員間會比較、會爭競、尋找愛與被愛的機會、追求成功感和夢想……

試想，如果與同學一起被挑選加入球隊，那是威風的、開心的，自信心能讓人促進不少的經驗。突然有天，你獨個兒被教練踢出局，會有甚麼感受？

1　真丟臉！還要給隊友在班上張揚和取笑。

2　夢想變成泡影，何其痛苦！

3　假若剛遇上出隊比賽，自己的球隊輸了，還要承受自責、被指責、和給隊友同學埋怨的種種壓力。

年紀少少，怎樣應付？好不容易呢！

壓力，有壓力，你有壓力、我有壓力、未解決！

壓力是甚麼？常聽人説，最近壓力很大。通常這樣説的

人，都是上班一族，因為工作很忙、家庭有負擔。當他們說有壓力的時候，旁人不難理解。不過，若果說連小孩都有壓力的話，就有點令人摸不着頭腦了！為甚麼連孩子也有壓力呢？

> 每一次經驗壓力，都會給人留下難以磨滅的傷疤，
> 受壓一段時間之後，身體健康必為此付出代價，
> 在緊張的情況過後，身體會老化了。
>
> 漢斯・塞利（Hans Selye）

讓我們首先探討一下壓力的定義、成因和元素，明白以後便應該不會再問「為甚麼孩子都會有壓力？」等等的問題了。

哎呀……婆婆整天長嗟短嘆，久而久之竟然連她的小狗也學會了透過鼻孔的呼吸聲，長長地嘆息起來，唉……對了，嘆息、嗟嘆是一種有壓力的表徵行為，但是，壓力沒有任何特定的反應。我們又何以知悉它的存在呢？

壓力的種種來源

「麻煩」這句話大家都說得太多，說慣了，意義上會顯得含糊不清。但是我們倒不要輕視了它的存在。「麻煩」是一些非慣常發生的事情，也不能用慣常方法處理得來的事件，必然構成日常生活中的一些不方便又或者，解決不了甚或會造成損失。

小東西堆成一座山:「積少成多,聚沙成塔」。

學生犯錯,最怕給老師逮住,因為「麻煩」!小息時間沒有了,失去了在學校內和同學們一起的時間,還要給其他同學看見給老師拿住到,導致各人的談論,被討論譏笑,漸漸演變成欺負形勢。

1936 年德國科學家漢斯・塞利博士提出了較為科學化的概念,來分析壓力這狀態:「壓力是身體對任何非特異性或非特定的需求而作出的反應,這非特定的情況或需求,可由愉快或不愉快的情況引起。」

其實簡單的說,「壓力」指向一個情況、一些事件,當中包括:

1)不能用慣常方法去進行或處理的事:

例如,出外旅遊時,不能用同樣的生活習慣和作風處事。升班之後,面對新老師,所有事情都用不同的方法處理了。因此,旅遊雖然是放鬆的機會,卻也帶來壓力;升班是開心事,是愉快的情況,同樣也產生壓力。

2)存在着不可解決的人和事:

如果孩子成績差,例如英文跟不上進度,並不是因為自己懶惰,沒有辦法立刻改進,但是學校的學習不會等,天天有新的學習內容,壓力真的十分大!

同樣地,班裏面有甚麼同學,也不可以改變的,沒有選擇可言。不要說存在欺負與否(參閱本書第七章〈欺凌的無奈〉),同學間要是合不來,也要等下一年了!無辦法!不可解決!也是壓力!

3）發生不可彌補的損失或缺失：

今天常會看見父母離異，還是在沒有為孩子作好準備的情況下突然分居，或在欠缺解釋的狀況下，把孩子私下安排了給其中一方，這些行為對孩子來說都充滿驚惶和憂慮，這類轉變會對他們產生極大創傷，無法彌補小小心靈上的傷害。當他們需面對同學和老師時，更多了一重壓力，他們不懂得如何向別人解釋自己的狀態。壓力極大，然而卻不懂得說出來，釋放出來。

森馬（陳嘉誠老師）

壓力三大元素

1）外在的壓力源

對於在學的香港孩子來說，無疑，學習和成績在眾多壓力中位列榜首！

- 學習的壓力事件：測驗、考試、默書、繳交學習項目、堂上匯報、交功課和派成績表等。
- 社交關係的壓力事件：為同學朋友的關係而煩惱、兄弟姐妹間的爭競，並且與家長的衝突等。
- 其他日常生活轉變的壓力事件：媽媽要生小孩、升小學、轉校或搬家等，都是一些正常會發生的實際事件。

2）內在的個人評估

個人對外在壓力源的評估。負面評估如媽媽生 BB：「意味我將要失去 100% 的愛和注意、有人會搶走我的玩具。」也許有孩子期待已久有兄弟姊妹的，會有正面的評估：「有人陪伴我一起吃飯，一起玩遊戲，不再獨個兒睡覺。」

3）因內在評估而引發的情緒反應

當我們面對同一件事情時，我們怎樣評價會產生不同的情緒反應。讓我們看看這個簡單的例子：孩子對於媽媽快要生 BB 作正面評估的話，會感到興奮和激動；可是，倘若孩子對媽媽快要生 BB 作負面評估的話，又會怎樣呢？

「姑姐，妳可以陪我去日本玩嗎？我有錢，可以請妳去啊！」十歲的小孩高聲道。

「四月要上學，為甚麼無端端要去日本呢？」姑姐

奇怪地問。

小孩回答：「哎呀！你看看媽媽的肚子，快生了，我要行開下，冇眼睇呢！」

即是說，壓力由壓力源開始，會引起一連串的身心靈反應。由壓力源刺激負面思想開始，誘發出負面情緒，繼而發展出不良行為，甚至有些人會出現種種身體不適的情況。例如，當孩子對自我價值產生懷疑時，甚或會失去生存的意義和動力！當他們對甚麼都沒有興趣，連學也會不去上了（參閱本書第八章〈拒絕上學〉）！

這是怎麼樣的一代？

今天在學校裏面，像陳承勝的學生有很多很多。他們的問題可能不是長時間打機，就是通宵上網（參閱本書第五章〈「機」不可失〉），經常欠交功課，在課堂上打瞌睡，考試交白卷⋯⋯為甚麼呢？

學校對我來說，根本沒有意思。課堂乏味，老師沒趣，課程離地，考試無聊，校規變態，教育簡直是廢料。上學是父母的佈局，政府的詭計，浪費我們的時間和青春！

學習嗎？還學那些數學中用嗎？有哪家超級市場或百貨公司不用計算機的？抄抄寫寫和重複做習題，有助我們將來工作嗎？今天有甚麼工作不使用電腦

> 的？為甚麼上學總是學習做一些與社會脫節的活動，用的都是祖父母年代的方式和媒介⋯⋯去上學就是這麼無聊的一件事，為甚麼我們仍然要做啊？

今天的孩子，充斥着被動、受創受壓的學習經驗，
因而缺乏動機，過着沒有目標、沒有自主、受壓抑的生活。

林少峯

由於要過一些他們不願意過的生活作風，要面對各種打擊和挑戰，諸如背誦、抄寫和測驗考試等，這些全部不是他們的興趣⋯⋯恐懼、憂慮、挫折和失敗充斥於每一天⋯⋯

壓力的三個狀態

「每一次經驗壓力，都會給人留下難以磨滅的傷疤，受壓一段時間之後，身體健康必為此付出代價，在緊張的情況過後，身體會老化了。」現代社會的壓力理論先驅漢斯・塞利博士原是一位醫生，科研論述著作有 38 本和 1,600 多篇技術文章，確立了壓力的定義，並說明人在環境和壓力中所經歷的三個適應階段。

他在 1936 年確立了人在壓力狀態中所經歷的三個適應階段，稱為「全面適應綜合症」：

1　警報階段

2　抵禦階段

3　衰竭階段

這三個階段與特定的生物標記有關，如喚起激素模式的變化和產生更多的「壓力荷爾蒙」，以及人體的能量和資源，逐漸消耗至枯竭為止。

在警報階段，身體識別挑戰或威脅，並進入一種反應。另一位現代壓力理論的重要先驅沃爾特・加農（Walter Cannon）提出的「戰鬥或逃跑」反應（Fight-or-flight response）。人的身體會在此反應下不斷產生壓力荷爾蒙、腎上腺素和皮質醇。對於學生來說，不是堅強面對做不完的家課作業，就是逃避或拖延，甚至想辦法逃脫他認為苦不堪言的狀況。有的會患病，因為身體回應強大有力的思考負擔時，最經常出現的有胃痛、肚子痛、腹瀉、頭暈和頭痛等，也會出現渴睡、疲倦、善忘等現象。年幼的孩子多會出濕疹、發燒或嘔吐。這些身體症狀經常會出現在孩子默書或者測驗的日子。這時候，父母和老師就應該警覺，孩子的警報鐘聲響起來了！

在抵禦階段，身體試圖適應這持續存在的、具有挑戰性的情況。應付壓力或適應情況需要生理資源，不停的消耗，最終可能會枯竭。在抵禦階段的孩子，會明顯地顯得非常緊張甚至神經質，很努力搏鬥，還衝勁過人，但是他們的情緒波動起伏甚大，遇上一點點有趣的事物，會不受控地大笑；在電視看見有點兒不開心的情節，便嚎啕大哭一頓。校巴遲來了兩分鐘或是同學上下車時沒有急腳走，便會破口大罵，常常像是心情極壞。因為他已經用力在強撐，還已強撐到最高

點⋯⋯這時候，身體的消耗太大，哪兒有餘力處理當下沒有那麼重要的事物包括禮儀和外表呢？父母和老師請注意，這已是危險快要出現的關鍵時刻，最好幫助孩子盡快緩和過來，減低身體的消耗。

如果持續停留在緊張的挑戰狀態，會出現衰竭，這時候，免疫系統已經受損，甚至可能導致長期的傷害和身體上的疾病。不少孩子年紀輕輕便患上精神病，最普遍的是抑鬱症和焦慮症。年幼的孩子可能會因此發展緩慢下來，甚至返回嬰兒階段，出現撒尿或其他十分「BB」的行為。

然而，塞利博士公告，我們感到不安的變化諸如苦惱，比感覺良好的改變，會引致更多生理上的損害。塞利博士認為，「你如何接受」最終決定你是否能夠成功適應轉變。即是說，接受改變會減少壓力的負面影響。

因此可以說，提高我們對情境的接受程度有助適應變化，並減少壓力造成的傷害。這也解釋了為甚麼壓力永遠存在，包括成長的困惑、對未來的迷思、承受不了的學業負擔、成績的包袱、朋友同學之間的交誼和聚散⋯⋯但不是所有學生都會生病，也不是全部學生都會進入第二甚至第三個壓力階段。

那麼壓力不是唯一的元兇，壓力處處，關鍵在於我們如何面對！即是說當我們接受不到現況時，問題才會出現。甚麼時候我們會接受不到情況呢？不快樂的時候，不成功的時候，不能如願以償的時候，換言之，是感到「失敗」的時候。

當我們拒絕接受現況時，
壓力和情緒問題才會出現。

林少峯

壓力有毒？

「毒性壓力」

壓力原來可以產生這樣大的負面作用，令本來要做的事無法得到預期效果，甚至結果往往事與願違。當溜冰時感到有壓力，擔心姿勢動作是否準確，極想表現自己和想取勝時，它不但帶走了樂趣，還不會玩得好。作者就是在考車牌時，因為太渴望有良好表現，壓力超過能力所能盛載，結果在自己平時表現最佳的技術項目上給扣了最多分數。香港的孩子不是一樣嗎？即使本來喜歡音樂，愛彈鋼琴、拉小提琴等，也會因要考試，要讀樂理、要背誦，還要做功課等，令興趣愛好都失去動力，甚或感到生厭而無疾而終！壓力，如果去到這地步的話就變成「毒性壓力」，揮發出對健康和成長皆有阻礙的心理因素。

茵茵生來就喜歡音樂，自小聽到歌聲便會聞歌起舞，兩三歲總是跌跌轉轉的，十分有節奏感。豈料，她自幼稚園開

始學鋼琴以後，漸漸抗拒練琴，一看見媽媽拿鋼琴書便立即跑掉，或是去廁所，或是躲起來，或是找藉口要做功課甚至溫習！一看她的鋼琴書，原來鋼琴老師在書上寫滿樂理，要練習也要抄寫！才四歲的孩子，遇到這種學習方式再愛音樂的都不會喜歡彈奏鋼琴了。那麼的痛苦！成年人也不會享受這樣的鋼琴練習啊！

學字也帶來樂趣，是一種個人能力的發掘和表現。作者都生於普通家庭，有基本生活需要的環境長大的孩子，記得兒時坐在電車上，車廂搖曳着前進，從大大的窗口，看到街上很多高樓和招牌，有中有英……好奇心的驅使，自然而然地，會隨讀隨問，讀着唸着，不知不覺便學會很多字。

又記得兒時看到小山坡上寫着「印度神油」四個大字，但當時只懂得「神」和「油」字，便高聲問媽媽：「那裏為甚麼有神油？即是甚麼油呀？用來做甚麼的？」只記得媽媽頓時尷尬起來，除了回答我那前面兩個字是「印度」之外，趕忙叫我不要再問。我摸不着頭腦之餘，卻牢牢記住了這四個大字。遺忘了很多個寒暑以後，作者終於有機會到印度，但是找不到「印度神油」這四個大字啊！

也記得從前街頭粗口普遍，牆壁上塗鴉處處。作為小孩，好奇地問，為甚麼那麼多字都用「門」做部首呢？還天真無邪地問那些字到底怎樣讀！

作者想指出，學習不必要有壓力才會發生，也無需背誦才可以牢記！

今天的孩子，不再乘電車，地下鐵沒有街景看，而愛低着頭看屏幕的再也沒有興趣、也沒有空在街上看招牌、讀新字！

那麼我們是否就要放棄給予孩子自主的學習環境和機會呢？自主的學習十分重要，相比在有相當壓力下的學習來得有趣味、持久和輕鬆。

美國密歇根大學商業心理學教授李菲奧娜（Fiona Lee）在2014年的研究指，獎勵員工反覆嘗試新的方法，即使屢經失敗，都可引發更多的創新，造就更多及更長遠的成功。但今天各行業的管理層的管理方式普遍令員工害怕錯失，為了避免受處分，工作態度都顯得僵化刻板，他們膽敢創新？最好少做少錯便是了。試問有哪家公司的老闆會鼓勵員工創新，會安撫他們因創新帶來的失敗經驗？！員工只有小心翼翼地工作，謹慎地跟隨和因循。因為，這樣不會出軌，不會出差錯，便不會受責備。學校亦然，最能循規蹈矩和為唯命是從的學生，都能成為老師的掌上明珠。多作嘗試的、總闖出禍來，結果很多時候會受到懲罰或責難，有些甚或對孩子造成不能磨滅的創傷。我們是否都希望我們的孩子，我們的下一代就這樣子承傳下去？也是否我們都不自覺地將這一套令員工害怕錯失的工作環境帶了回家？

誠然，學習如何處理壓力，是健康的孩子必須學習和鍛鍊的，並且是重要的成長發展部分。壓力就是在我們面對突發或有威脅的情況時，身體會通過增加心跳率、血壓和壓力荷爾蒙（如皮質醇）來應付危險。所以，壓力的生理效應或説身體警號是十分明顯的。

孩子也不例外，當他們的壓力反應系統受激活時，這些生理效應或警號自然出現，如果得到父母即時支持和撫平，生理效應或警號得到緩衝以後，危險狀態會慢慢返回基線水平。

森馬（陳嘉誠老師）

這種結果是健康的壓力反應系統的表現。然而，如果孩子的壓力反應極端、持久和缺乏緩衝的話，「毒性壓力」便可能會形成，導致身體系統和大腦結構受破壞，影響一生。

踏入二千年以後，哈佛大學和威斯康辛大學麥迪遜分校等帶領的多項腦神經新研究發現，兒童早期的慢性壓力不僅會令孩子造成持久的情緒傷害，還會使他們的大腦萎縮。研究發現最大的變化是在負責記憶、學習、情感處理的大腦區域。更具體地說，幼童早期承受的壓力可以影響與情緒處理和調節有關的大腦區域的發展；主要是涉及處理社交情緒功能的杏仁核和海馬區域發生的變化。一眾的研究分別試驗在動物和孩子身上，結果都是一樣：杏仁核和海馬兩個區域受「毒性壓力」侵害之後，會出現萎縮。有研究以磁力共振跟進孩子的狀況兩年時間，造影顯示受到「毒性壓力」滋擾的孩子，他們腦袋的杏仁核和海馬區域的體積明顯比其他健康成

長的孩子的體積細小。2014 年另有研究報告指，較小的腦袋（杏仁核和海馬體積）與累積的壓力事件和經驗有關，與行為問題都拉上關係呢！這差異背後的原因尚未明，當然，我們必須強調，並非每個人的結果都同樣負面，我們更加希望這些「毒性壓力」的負面效果是可以逆轉的。

學業壓力的解說

常說「香港的學生普遍承受非常大的學業壓力」，壓力包括來自不好的成績，完不了的功課，停不了的課外活動，時間分配不了⋯⋯這些壓力會引發焦慮感和失敗的恐懼。

克拉克大學心理學教授格羅尼克（W. S. Grolnick）指出，我們普遍將失敗的恐懼歸因於一個人的信仰體系：能力、智力和天賦。再加上氣質、脾氣和環境的話，可以促成失敗的恐懼此等心態或思維。一個完美主義者會認為「我犯錯，是因為我的不足，所以我永遠不會再作這嘗試」。再以體育活動作為例，打球或者溜冰時，強烈要求表現和成績的，與純粹從運動中獲得和享受樂趣，有十分大的差異；強烈要求表現和成績的，往往帶來對失敗的恐懼，而顯得處處受制；純粹做運動的倒可以在過程中享受，輕鬆地改善個人技巧和能力，從而建立自己的信心，確立自己的才能。

即使生活環境中有高度接受、寬容和允許失敗的條件，有些人仍會以「入心入肺」的態度對待挫折。這樣，失敗帶來的失望和挫折便會像毒液或流感或新舊 SARs 一樣，入侵他們的自尊。

　　無怪乎考第五名的孩子會精神崩潰，因為他要求的是第一！為甚麼孩子會討厭學習？因為今天學校裏的學習方式並不那麼簡單，充斥着各種要求，對公開考試題目玩追蹤和競賽遊戲。試問有哪些孩子得到准許，學習他們想要知道和有興趣的？有沒有學生能夠不與其他同學比拼較量？步出考試禮堂時，大部分學生已經將考試溫習過的內容與草稿紙一起扔到垃圾桶！

　　這樣的現象，當考試是一切的制度底下，自幼構成孩子的失敗感，此制度更創造了一輩輩缺乏動機的考試失敗者。管它是歷史，是延續，這些都是成年人製造出來的。學習本身不適合作比較和競爭。假若父母和老師能夠協助孩子改變對成績的得失那份重視，重新調校焦點，才有機會誘發和啟動他們的學習動機，並且減去不必要的壓力毒害。

壓力如水，能覆舟也能載舟！
壓力掌握得恰到好處時，是向前推進的良好動力。
誰說壓力全是毒？
教曉孩子甚麼叫「失敗」的才是毒！

希望、盼望、願望需要空間，創意、夢想要有學習的機會和發揮的自由。讓學生成為學習的主人和參與者，感受考試之外的學習的樂趣。讓教室和學校成為培養多元優質的學生，彼此學習、共同成長的環境，教師則扮演引導者而非權威者的角色。如此，學習怎會有過重的壓力？孩子那來失敗的苦毒？像發明家愛迪生，失敗可以轉化成不斷嘗試的力量，更有推動力，繼續容許好奇心發酵，最後為人類帶來偉大的發明家。今天充滿好奇心的青少年，轉化失敗和壓力成正面力量，明天同樣可為社會成就非凡的創建。

情緒錦囊

拼、評、平

(拼命) 保護孩子的腦袋，防止有毒的壓力入侵，免受一生不能
　　　 逆轉的傷害。

(評估) 孩子承受壓力的風險、接受壓力的能耐和經歷壓力的
　　　 狀態。

(平衡) 學習、成績、名利、面子、身體和精神情緒的安康。

三者不可分割，需反覆實行，無分先後次序。

指正、指正、指正

指正 孩子學習的目的。成為學習的主人，不作學習的奴隸，
　　 只強求表現和成績！

指正 孩子學習的態度。像愛迪生那樣，轉化失敗為不斷嘗試
　　 的動力。

指正 孩子學習的信仰體系，確立自信心，發掘自己的能力和
　　 天賦。

思考課題

1. 「壓力是身體對任何非特異性或非特定的需求而作出的反應，這非特定的情況或需求，可由愉快或不愉快的情況引起。」

   在現實生活中，有甚麼開心正面的事情會令你產生壓力，為甚麼？

   _____

   有甚麼不開心或負面的事情會令你產生壓力，為甚麼？

   _____

2. 文中提到媽媽快要生 BB，這本來是一件快樂事，但卻會誘發孩子的負面情緒，原因是：

   _____

   這給予我們甚麼警惕？

   _____

3. 壓力大師漢斯‧塞利告訴我們三個壓力的狀態，我們應該觀察孩子，及早評定他們的狀況。有甚麼徵兆可以幫助評定孩子的壓力狀況？

   一）_____ 階段

   徵兆：_____

   二）_____ 階段

   徵兆：_____

   三）_____ 階段

   徵兆：_____

4. 「毒性壓力」的毒在哪裏？請列出三項例子：

   _____

5. 「毒性壓力」可以治癒嗎？有後遺症嗎？

   _____

6. 學習本身存在着壓力嗎？香港學生的壓力主要來自怎樣的心理障礙？

   _____

參考書目

黎子良、林少峯 (2016)：《當父母遇上愛因斯坦——學會學習》，中華書局，第七章〈學習動機〉及第八章〈圓圈學習——六自法〉。

Bremner, J. D. (2006). Traumatic stress: effects on the brain. *Dialogues Clin Neurosci.* 8(4): 445-461.

Cannon, W. (1932). *Wisdom of the Body.* United States: W.W. Norton & Company.

Dovey, D. (2014). Early Childhood Stress May Stunt Brain Development, Causing Deficits In Memory And Learning. *Medical Daily, Science/Tech*, Jul 5, 2014.

Feldhausen, T. S. (2015). Childhood stress can leave changes in the adult brain. *Science News for Students.* September 17, 2015.

Greenberg, M. (2012). The Mindful Self-Express-How to Prevent Stress from Shrinking Your Brain, *Psychology Today*.

Grolnick, W. S. and Seal, K. (2007). *Pressured Parents, Stressed-out Kids: Dealing With Competition While Raising a Successful Child* .New York: Prometheus Books.

Hanson, J.L., Nacewicz, B. M., Sutterer, M. J., et al. (2014). Behavioral Problems After Early Life Stress: Contributions of the Hippocampus and Amygdala. *Biological Psychiatry.*

Hans Selye (1973). The Evolution of the Stress Concept: The originator of the concept traces its development from the discovery in 1936 of the alarm reactions to modern therapeutic applications of syntoxic and catatoxic hormones. *American Scientist, Vol. 61,* No. 6 (November-December 1973), pp. 692-699.

Pessoa, L. & Adolphs, R. (2010). Emotion processing and the amygdala: from a 'low road' to 'many roads' of evaluating biological significance. *Nat*

Rev Neurosci. 2010 Nov; 11(11): 773-783.

Sanchez-Burks, J., Karlesky, M., & Lee, F. (2014). Psychological bricolage, social identities, and creativity. In C. E. Shalley, M. A. Hitt, & J. Zhou (Eds.) . *The Oxford Handbook of Creativity, Innovation, and Entrepreneurship*. New York: Oxford University Press.

Winch, G. (2014). *Emotional First Aid : Healing Rejection, Guilt, Failure, and Other Everyday Hurts*. J.P.Tarcher,U.S./Perigee Bks.,U.S.

圖畫提供

頁 38	Summer, D.（森馬，陳嘉誠老師）[@damienforestartist](2020).The Hatees Comics. Retrieved from https://www.instagram.com/damienforestartist
頁 23、29	森馬（陳嘉誠老師）
頁 27、32、35、40、42	鄺司睿，青年女子，自小診斷智力障礙與自閉症

第三章

我彷彿躺臥在棺材裏！

「晚上，我獨自在睡房裏，身體躺臥牀上，眼睛看着天花板，耳朵在傾聽：很寂靜，甚麼聲音也沒有。我的感覺是，我已經死亡。我躺臥在棺材裏面，一片黑暗，一片寂靜。家裏有人嗎？我相信沒有。因為，我甚麼也聽不見。」

文青自言自語地說話，他的話直插進心理學家的心房，令她有點兒想落淚。一個十分中規中矩的少年，經常獨留在家中，不知道下一次見到家人的機會到底是一星期後，還是一個月之後⋯⋯

他說這番話時才十四歲。不過，他說這情況已習以為常，父母經常到海外工作，去了哪裏他都無法知道。說着，他突然看見甚麼，他盯着書架。良久，他說話了，手指指着某本書說：「這個重要啊！這個真的很重要啊！」

甚麼？那書是關於青少年自殺的書！他繼續說：「我多少次思考這事了，還未有甚麼答案⋯⋯」

「為甚麼會思考這事呢？」心理學家試圖向他了解一下。

他不假思索地道：「我已經多次站在陽台上，遙遠地眺望山脈和山間的路，來往的車輛和行人。風颰到臉上，時而溫柔，時而冰涼，我想了又想，腳一跨越欄杆，我便自由了。會隨風飄盪山間，還是跌下山崖，在馬路上被車子碰撞倒或者⋯⋯我不知道。所以還未有做。

　　文青是一位情感豐富、感覺敏銳的書生。生於富有家庭，居於低密度豪宅，兄長都在世界各地升學或者工作，父母兩人都各有要職，經常忙於工作，忙得不可開交之餘，還要穿梭於上流社會的圈子忙於交往。孩子有很多工人服侍，也有司機。但是，每當夜深，偌大的房子裏沒有家人，沒有可以講話的人，僅有的是豐富的資源、工作的人和物件。文青的心可屬誰呢？

　　為甚麼他想要跳出陽台呢？因為缺乏甚麼？不，他甚麼都有，但是感到極度孤獨，苦不堪言，痛不欲生，因「心無所屬」。

余祖堂

　　中五的春霖個子嬌小，臉龐可愛甜美，她身邊的朋友眾多，尤其是男孩子多不勝數，顯得她有點豪放不羈，在人前就是個「開心果」！其他同學缺乏朋友，老師都會向她求救，請她幫助照顧關懷比較靜的同學。她十分樂意幫忙，很多時候她的熱情會打動其他同學，很快和她成為好朋友。

　　她興趣甚廣，不用說就是手機不離手！她利用網上平台結識了不少不同年齡的朋友，經常在 IG、Facebook、WeChat 和 Whatsapp 上載新相片和影片。她追求很多很多的「like」，分分鐘在查看手機，心情也跟隨 like 的數量而波動。春霖有時會大發脾氣，經常與男朋友分手，但之後又後悔。她家住豪宅，與父母和爺爺同住，生活明顯無憂無慮，父母也愛女如命，價值「成千上萬」的東西都會買給她，逗她開心。她一身名牌衣服和用品，沒有人覺得她有甚麼缺乏。

　　豈料，有天她到心理學家的房間裏，大哭一頓，披露她極度孤獨的內心世界。每晚她狂歡後回家，總是躲在她自己的房間裏大哭，像失控了似的，這情況已經持續了幾年。她感到空虛一片，非常不開心，但不能夠描述出來。爸媽的房間很遠，沒有聽見她的哭聲，況且爸爸經常不在家，一個月才回家一次；媽媽每天早出晚歸，同樣都沒有察覺春霖的異樣。

　　春霖的父母向心理學家哭訴，他們以為只要努力賺錢，給女兒更大更舒適的家，更多資源，學習更多，享受更多……想不到她那麼不快樂，甚至想到尋死。原來，她擁有一切仍然得不到快樂。也想不到她有那麼多朋友，竟然會感到孤獨！

擁有不等於滿足。

林少峯

孤獨的互聯世界

　　孤獨感是當一個人的情感需求出現負數，特別是缺乏陪伴和歸屬感的當兒。如果不處理引發的因由，會對一個人的自我價值產生百害而無一利的影響。因為孤獨會使我們質疑自己在其他人心目中的價值，以及我們在生活中可有的地位！

互聯網的使用率越高，我們的孤獨感就越重。

林少峯

　　無論學者或社會決策者都越來越認識孤獨對公共衛生的重要性，和對社會健康造成的負擔。英國政府於 2018 年任命了首位「孤獨部部長」(Minister for Loneliness)，寫下長達 84 頁的「國家應對寂寞策略」。亦因此催生了一些學界的新研究，包括倫敦大學學院的「孤獨感和社會隔離的心理健康」。

渴求社交媒體上的認同

　　諷刺的是，現今的青少年儘管生活在一個日益互聯的世界中，他們經歷的孤獨與分離的感覺仍然非常深刻。仍與電玩遊戲創作者小島秀夫在青年時期所感受和描述的無異。近年研究甚至指出，互聯網使用率越高，人的孤單感越嚴重。

社交往來的親近需要，是屏幕上的溝通所不能代替的。

2019 年，美國網上調查公司 YouGov 進行一項孤獨和社會隔離的調查，發現 29% 的千禧一代經常感到孤獨，27% 的人表示沒有好朋友。男比女更感孤獨。2020 年，美國保險公司信諾（Cigna）對超過一萬名成年人進行的孤獨調查發現，奇怪地年輕人的孤獨感比老年人還要高！70% 的年輕人總是感到孤獨，認為沒有人真正了解他們。

年輕人不是應該十分活躍，愛結交很多朋友，積極學習和玩樂嗎？為甚麼有那麼重的孤獨感呢？最近一項針對每天使用社交媒體的研究給了我們一些契機！

大量使用社交媒體竟是引致孤獨的其中原因。一項針對大學生的研究發現，限制調查者每天使用社交媒體 30 分鐘以內，他們的孤獨感和抑鬱症狀明顯低於沒有設限的大學生。換句話說，社交媒體對心理健康有明顯的損害，包括身體上和精神上。

一個「讚」（like）是很多青少年渴求從其他人身上得到的「驗證」和支持。就如文首的個案中春霖一直天天在追求的！她得不到父母的肯定，於是要到處尋找，包括在網上。真可憐！

日本電玩遊戲設計師小島秀夫在他的遊戲作品《死亡擱淺》（*Death Stranding*）中，創作者解決了你可能會從哲學遊戲中想到的所有主題：包括存在主義、身分認同和孤獨感。他甚至試圖通過遊戲媒介改變集體社會行為。換句話說，他希望通過玩在線遊戲來發展我們的文化。當我們用自己的身分融合「在線」（Online）角色，我們策劃自己的消費，獲得多少

個「like」，吸引更多追隨者以及獲得多少關注時，很難再爭辯我們的文化是否正在發展。我們是誰？我們已日漸成為其中之一個存在於網上的身分。如果我們在網絡上發展文化，就會感到我們在文化中的參與方式的性質將越來越「在線化」。小島希望在這裏領導我們的文化發展動向。

　　不同的社會文化，會有不同的方法來處理自我的身分。有趣的是，日本文化讓我們洞悉今天青少年沉迷上網（參閱本書第五章〈「機」不可失〉），但仍然感到孤獨的原因，並進一步了解孤獨的本質！

虛假的面具

　　日本的文化中，每個人都戴着三個面具：第一個是向全世界展示的方式，第二個是僅給親密的人看見的，第三個是沒有人看得到的。Facebook 的設計者都深明此道理，充分利用了這種向外部署策劃自己膚淺、虛偽的想法。利用此平台，每人都可以參與，去塑造一個心目中希望別人看到的「理想的」自己，例如展示自己是「美男美女型」、「學者知識型」、「理智邏輯型」、「藝術文青型」等。繼而透過別人按讚的次數，來衡量自己得到多少「重視」。可惜，這些行為卻導致許多人與人的聯繫缺乏真實性，稱讚與被讚者之間根本沒有建立任何關係，最終青少年花了大量時間在社交媒體上卻仍然感到孤獨萬分。

「家變」的幸福世紀

孩子及青少年時期中，最親密的關係莫過於父母與家人的關係，當中盛載一切情感和愛。心理學家相信，安全的家，能培養有安全感的孩子。可惜，21 世紀普遍的「家變」趨勢，為這一代「幸福」的孩子製造了孤獨感！

二十世紀廣泛的社會變化可能導致年輕人與家庭和人際關係相關的孤獨感。在 70 年代，大約 60% 的人在 18 歲或及後幾年結婚，然而 2018 年只有 29% 的人在 18 至 34 歲之間結婚。這麼長的年月，少不免有浪漫的分手，甚至缺乏戀愛伴侶；那麼，缺乏浪漫的戀愛關係和分手也會導致受傷並失去社會和情感支持，並隨之增加年輕人的孤獨感。與此同時，老年人的離婚情況加劇，例如美國的離婚率在這世紀便上升了 40% 以上。這意味着年輕一代很多都經歷過父母分離，以父母為家的本體論，這一代年輕人缺乏了可以緩衝不良事件影響的穩定歸屬感和安全感。

孤獨是病？

世界各國近乎每周都有新證據證明，孤獨對健康的嚴重影響。慢性孤獨症已被證明會降低免疫系統功能，加劇炎症，並顯著增加罹患心血管疾病的風險。

孤獨會增加死亡風險

如果孤獨會帶來死亡風險，會縮短壽命，可比擬酗酒、過胖和吸煙的人，那麼，孤獨是病嗎？

過去十年，美國猶他州的心理學家朱莉安娜・霍爾特・倫斯塔德（Juliana Holt-Lunstad）分析了上世紀發表的 148 項研究，其中涉及 30 萬男女和兒童的社交生活與健康數據。孤立自己跟與家人朋友有緊密聯繫的人相比，前者的人羣在七年半內的死亡機會比後者高出兩倍。

缺乏社會聯繫對身體的影響竟然可以比擬酗酒和吸煙的人，孤獨與每天吸煙 15 支對健康的負面影響相同，孤獨的死亡風險更是過胖病人的兩倍。對健康構成極大的威脅，令早逝的可能性增加了至少 14%。日本甚至開始出現一個嚴峻的社會問題——「孤獨死」，每小時都在日本各處發生！大阪府根據 2019 年的數據推測，在 2030 年每三名日本人便會有一人終身未婚，「孤獨死」這現象將會更加嚴重。

舉一個特別的例子，史蒂芬・科爾（Steven Cole）研究患病的同性戀者，隱瞞和躲藏在櫃裏的，死於愛滋病的時間有重要差異；隱瞞的比公開的同性戀者早了兩到三年病逝。原來，保持同性戀秘密所帶來的孤獨感，也加速了愛滋病的發展啊。

心理學家嘉斯奧普（Cacioppo）解釋，隨着年日過去，孤獨感會不知不覺間吞噬個人的健康。儘管部分孤獨的年輕人仍然過着健康的生活方式，但中年以後會慢慢失去約束力，他們吃的脂肪比同齡的人高，運動量減少，喝更多酒精飲品……相對較容易養成種種不良習慣，這可能是寂寞的人較其他人早死的原因之一。

孤獨會令人失控

專家對於人缺乏社交網絡會縮短壽命有不同的解釋。有些認為，當需要緊急醫療的情況下，當然有親密家人朋友的人士可能會因而得到幫助，能儘快協助求醫，減低風險。不過更科學化的解釋是與大腦的「執行」控制功能有關。

健康的習慣包括定期運動、合理飲食和適度飲酒等，這些行為都依賴自我控制的能力，心理學家稱這為「執行」控制功能。

大腦的額葉負責調節執行控制功能。額葉位於前額的正後方，是一組神經細胞，控制慾望、情緒和行為。隨着我們的成長和發展，執行控制的能力都會不斷發展。嬰兒需要即時滿足需求，肚餓時，得到奶瓶便立刻停止大哭；睡覺時，一定要投進媽媽的懷抱才肯罷休。青少年時代，我們學會抑制衝動，在課堂上不會因為肚餓吵鬧，也不會因想睡而直接躺下。人會跟隨環境需要的禮儀和規矩行事，想睡會佯裝留意聽書，會為未來或想得到的事物節省金錢。

另外，大腦的執行控制中心同樣會照顧身體的其他需要。塔拉哈西佛羅里達州立大學的心理學家羅伊・鮑梅斯特（Roy Baumeister）在 2000 年至 2005 年間進行的實驗發現，孤獨會削弱大腦的執行控制能力。即使只是想像孤獨的存在，執行控制的功能都會表現變差，繼而令我們的行為失控。

個案春霖經常情緒失控，因小事便與男朋友大吵大罵，無故喊分手。她罵人時那如獅子吼叫的嘴臉和滿口污言穢語，簡直不能夠想像她平日有可愛的一面。有時候，她會因控制

不了一刻的慾望，胡亂購買不需要的東西，如唇膏、手袋等，通通是名牌產物，把錢花光了會先問媽媽，再問爸爸取，甚至四處問親戚朋友。

孤獨會痛

孤獨的感覺有多痛？原來，這感覺和身體上的疼痛感一樣，都源自大腦的同一個部位。所以心靈上孤單寂寞的痛感就如同身體上皮肉的痛感。

文青就最清楚這種痛了。他説痛得厲害，在牀上動彈不得……只好告訴自己：「我躺臥在棺材裏了！」

孤獨會身體失調

孤獨不單會令人意志力下降，它會進入人體細胞，與細胞內的 DNA 結合在一起。

2008 年，科爾與愛荷華大學的心理學家 Susan Lutgendorf 合作檢查了患有卵巢癌的女性基因，竟然發現約有 220 個基因只活躍於沒有家人和朋友支持的婦女。當中有一些患者的基因會使癌症更容易擴散到全身。

當我們面對壓力，感知受到威脅時，身體會釋放一種壓力荷爾蒙，使心跳加速，血壓上升，甚至肌肉收緊（參閱本書第二章〈壓力有毒？〉）。在 21 世紀觸發壓力反應的事，不再只是對我們人身安全的威脅，而是現代生活的情感壓力所構成的威脅。這些威脅可能是對未來失望、失業或被孤立的擔憂。

因此，長期孤獨的人的荷爾蒙水平普遍較高，這些激素還包括皮質醇和腎上腺素。頻繁的壓力並不健康，對心臟和肌肉的影響十分大。

孤獨會引發炎症

壓力荷爾蒙會刺激免疫系統，引起炎症。割傷手指時，受傷的範圍會發紅、膨脹，變成紅色。這症狀表明免疫系統已將細胞發送至損傷部位，目的是消滅可能已入侵的任何潛在有害病毒或細菌。

2007 年有研究發現，導致發炎的基因在孤獨的人的身體中異常活躍，他們的免疫系統似乎經常「加班」，不斷為對抗不存在的入侵者而準備。這確實令人不安，持續的炎症是許多不健康狀況的基礎，例如容易引發糖尿病、心臟病和老年癡呆症等。

孤獨會早逝

令人擔心的是，孤獨感會破壞免疫系統，繼而引發很多長期病，好像超速駕駛般縮短人的壽命。孤獨感對身體的危害，竟然與吸煙或肥胖可比擬，對健康和壽命構成極大的威脅，使早逝的可能性增加了至少 14%。

孤獨會病多久？

孤獨，可以是短暫的、與情境有關連的，也可以是慢性的、長時間積累的。這長短的感覺影響孤獨感的強度和帶來的損害。

幾乎每個人都會經歷過一串串的孤獨感，有時身處熟悉的人羣中，會驟然感到一股寂寞襲來，但這感覺很快會隨着要應付的場面或者人事而忘記了，或一覺醒來便忘得一乾二淨。無論我們的人際關係多麼好，仍然偶爾會感到「空虛」和「寂寞」。也許我們只因存在而掙扎，因種種個人問題的隱憂，偽裝成社交困擾。倘若這只是一刻的感覺，是短暫的，沒有影響生活和嚴重影響心情的話，那是在自我尋索個人的存在意義而已，不需要太擔心。還記得家弟和鄰居的孩子兒時都愛一起高唱：「狂呼我空虛空虛……」這歌，唱時投入萬分。在場聽到的成年人都批評這羣孩子無聊、不知所謂，學生階段只要好好學習，空虛甚麼？相信這是很多家庭的寫照。事實上，青少年會感到空虛嗎？

有時候青少年經歷的是一種情境孤獨。情境孤獨像是一種缺少了甚麼的感覺，在重大轉變下特別容易感到孤獨，例如搬家後或者剛移民，與青梅竹馬的朋友再不可以天天見面，卻未認識到新玩伴。獨自一人在新環境新地方，沒有朋友，沒有聯繫，感到被遺忘。同樣，孩子到新學校時，沒有朋友的陪伴和分擔，都會產生這種孤獨感。

年輕人的三種孤獨

年輕人的孤獨可以分三個類別：

1 存在就是孤獨；2 情感上的孤獨；3 社交上的孤獨。

1　存在就是孤獨

從存在主義的角度來看，孤獨根本是人類經驗的一部分。一點點的寂寞感對心靈有益，有助於自我探索。但它會誘發負面情緒，人卻想盡可能避免不愉快的感覺。有說：「你獨個兒來到這個世界，將也是獨個兒離開世界。」如果我們相信這一套的話，孤獨就是我們生活中不可避免的一部分。無論家人和朋友如何愛你或支持你，我們依然是獨立的個體。這可能對於有些人來說確實可怕。

發展心理學家認為，青少年是自我尋索的表表者，根本自我尋索就是他們這階段的主要成長任務。自我尋索就會經歷失去和懷疑存在，對個體的疑惑也形成了存在的孤獨！文首的個案中，文青由於愛閱讀，思想比較成熟，他經常思考人生或存在的意義，生命與死亡的恐懼等課題。他的家庭背景更令他意識到自己獨個兒來到這個世界，獨個兒生活，也會獨個兒離開。他喜歡讀哲學書，會與心理學家談論心理學理論，對個人身分角色任命等皆自有一套！可與他討論的同齡人實在難找，這更加強了他的孤獨感。

春霖社交活躍，但經常感到只有自己一個人，爸爸有時一個月才能見面一次，見面時已經不知道該與他說些甚麼。她

渴望像其他同學一樣，有父母陪伴，有信任的人可更多了解她的需要，確認她的成長經歷。當她被欺負時，感徬徨時，因為不想身兼父職的媽媽擔心，壓力大，還是自己熬過去便算。她有時想到如果有天爸爸沒有回來，連媽媽都因突然染了肺炎死掉離開她的話，她怎麼辦？她不明白自己的存在是為了父母，還是為了自己？

　　幾乎每個人都會在某個時空經歷存在的恐懼，感受到孤立、死亡、人生無意義或無自由的恐懼。如果我們能夠引導青少年識別並承認恐懼的存在，並將其轉化為激發自己過更充實生活的動機，幫助青少年更積極地活在當下，這可能有助他們認識到自己和其他眾多個體沒有分別，同樣是處於這些掙扎和恐懼之中。

2　情感上的孤獨

　　情感上的孤獨源於缺乏人際關係或安全的依附。當青少年人在生活中有些東西想找人分享時，卻不知道能跟誰說，那便會頓時感到孤獨。如在同輩中自己是唯一或少數未有找到男女朋友時，自然會感到孤單了。

　　解決情感孤獨的方法是建立和維護健康、持久的支持系統。現今社會當然可以建立即時的「友誼」，也可以在一夜間找到「知己」，但是與朋友建立穩定的聯繫，恆常見面或者聚會，互相增進友情才是持久的方法。家人間要有一起用餐的時間，才有一種「在一起」的感覺和精神。大家恆常有共同的活動，才有生命上的分享和交流。

等待別人去邁出第一步不是前瞻性的姿態，也未必理想，因為孤獨本身已經有一種孤立感，如果嘗試主動與他人接觸，可以與朋友交換幾個短信，或者用電話簡短交談，可能已經有意外發現，發現自己原來開始感覺好多了。讓別人知道自己需要有人傾訴，只要不令人感到有太大負擔，更親密的關係必會為你打開大門。

文青和春霖正正經歷成長的掙扎和探索階段，家人卻頻繁往來香港和外地工作，來去無蹤，令他們產生一種情感孤獨。雖然他們的資源豐富，卻填補不了心靈那種缺少了甚麼的感覺，也彷彿被家人遺忘了。文青尤甚，每一個夜晚他都是自己用膳，家傭煮甚麼，他便吃甚麼。今晚與誰一起吃飯？不知道。吃甚麼？不知道。吃了甚麼？也不知道。他有那麼重的孤獨感，即使吃的是山珍海味，都沒有甚麼味兒吧！

3　社交上的孤獨

當青少年發現自己對任何羣體都沒有歸屬感時，便會產生社交上的孤獨感。即使已經有男女朋友的情侶關係，但如果沒有投入其他社交圈子，都會覺得自己和伴侶沒有所屬的羣體而感到有所缺失。假如參加了一個全是陌生人的聚會，自己卻不擅與陌生人打交道時，社交的孤獨感可能會淹沒你。如果覺得自己的存在沒有受到更廣泛的重視，同樣會感到社交寂寞。

被排擠在羣組外，即使不是故意的，也是十分痛苦的事。

文青的富有背景對他的社交關係不但沒有幫助，相反構

成很多無形的屏障。由於他伴隨父母出入的地方都是高級酒店，出外遊玩的地點都不是一般大眾能負擔的冰島、歐洲，或者非洲澳紐等地，他的言語不是林語堂所説的無味，而是「離地」。聽老師説，有次學校假期過後，詢問同學可有偕家人到哪兒遊玩。很多同學説去了內地、泰國、菲律賓等亞洲地方，大家説得興高采烈之際，文青嘗試參與其中，但是他一説話，全班嘩然，因為他説去了冰島。沒有人懂得問他任何關於旅行時的問題，因為他們都對冰島很陌生。

又有次在討論他們最愛的小吃，當大家爭着説是甚麼魚蛋豬皮時，文青也想積極參與，立即説：「我最愛吃魚子醬和鮑魚。」驟然全班鴉雀無聲。糟糕的是，文青沒有辦法明白同學的反應，他也沒有問。

同學並無不當意圖排擠他，但是他們的不經意已構成隔膜和把他孤立。這痛，就只有他自己才會知道。

解決社交孤獨感的一種簡單方法是跳入新活動或羣組。也許是附近開設了一所新的健身中心，或者社區中心正在開設烹飪班，或者是愛護動物協會需要義工，或食物銀行呼籲協助等。無論做甚麼都沒有問題，只要選取令自己着迷的事物便可以了。如果活動中每個人都是新加入的，還可以輕鬆地對話和建立新友誼。

無論是幫忙照顧被拋棄的動物、義務將食物送到長者家中，甚或派發口罩或洗手液給街坊……當青少年知道一起分工的人與自己有相同的興趣，或追求相同的人生意義和方向，這些都會是激發新友誼的必經之路。

隔離孤獨的三扇門

第一扇門：家裏要「有人氣」

與孩子建立共同興趣，是能成為彼此伙伴的重要渠道。大家能夠有共同話題，有共鳴，說起話來同聲同氣，玩耍時也可共同進退！

父母可以鼓勵孩子尋找真正喜歡的活動、愛好或興趣，例如戲劇、舞蹈、藝術或科學等，不是要他們做專家，只需要懂得享受它，從中得到樂趣。要達到這一點，父母可以陪伴他們一起發掘和發展共同興趣，重點是大家都會樂在其中的！此舉可以教懂孩子與朋友一起培養共同興趣，是出外結交朋友的竅門，因為談起話來會比較投契。家長和老師可以教孩子畫兩個重疊的圓圈，然後說：「這個圓圈就是你。另一個圈子是另一個孩子。中間重疊的部分就是二人共同的興趣。如果你老是談論重疊之外的事情，那麼別人未必很有興趣，若你能多談談重疊的部分，可能大家會更投入，更有興趣。」

父母可以找出孩子已經做得好的地方加以肯定和支持，例如踢足球、游泳，這樣便可以利用自身的優勢來應付將來的社會挑戰。父母可以鼓勵孩子主動邀請朋友參與這些活動，也可教他們應採取甚麼態度和方法邀請朋友。文青的家那麼大，為甚麼不鼓勵他邀請志同道合的同學和朋友回家一同閱讀，一同用膳，也與父母多一點隔代溝通和交流，打開他們的視野？

結交一個新朋友

　　與一個人建立關係比融入一羣孩子中容易得多。父母或老師可鼓勵孩子從結交一個新朋友開始。父母通常會問孩子：「在學校裏／班裏有常常一起玩的人嗎？」實際上，可以嘗試轉換方式建議孩子：「你可以試試跟坐在你旁邊的同學交談，或坐在你另一邊的孩子。問問他的興趣，可在週六邀請他一起打羽毛球，也許他們也願意和你一起玩。」孩子通常在一對一的關係中較容易投入。家長若能幫助孩子一個一個地結交朋友，最終他們可能在不同的社交圈子都能結織朋友。

　　老師可以配對學生，為不同的孩子安排性格善良和樂於助人的小天使或隱形天使，在學校內互相幫助，也建立友誼。班內活動可盡量安排以小組形式進行，使孩子有更多機會與性格和政見都不盡相同的孩子交往。此外，看看孩子是否可以在校外遇見其他興趣相同的孩子，幫助他們建立廣泛的網絡。可以在社區中通過團隊、教會、志願服務、青年團體或藝術組織來尋求和建立友誼。

第二扇門：要「霸地盤」

　　對於小狗來說，「霸地盤」是牠每天的使命和任務。小狗從不偷懶，老是看守着牠的地盤，也守護着主人。連小狗都努力工作，青少年怎能無所事事呢？《聖經》箴言有說：「沒有異象，民就放肆」，假如甚麼都有供應，而且不用費力，唾手可得，如此漫無目的地過日子會使人失去鬥志，甚至漸漸

失去動力。無聊的日子令人沮喪、空虛，怎不寂寞和孤單呢？

　　重要的是，父母切忌甚麼都為孩子供應充足，為孩子籌劃一切，此舉會令他們找不到自己，無法認清自己的能力。年輕人有的是能量和幹勁，要尋找機會讓他們發揮和嘗試，他們才能體會自己的實力。這是個弱肉強食的世界，孩子要知道需自己力爭上游，力臻完美，才能在世界中得心應手。有目標且忙碌的日子過得特別快，那時候孩子怎會有精力胡扯空虛！

　　「霸地盤」是小狗每天的使命和任務。
　　小狗從不偷懶，老是看守着牠的地盤，也守護着主人。
　　連小狗都努力工作，青少年怎能無所事事呢？

林少峯

第三扇門：要「心有所屬」

　　「心有所屬」是指心已經找到屬於他／她的地方。當我們與另一人開展了一段感情關係時，甚麼時候都會想起他／她，覺得甚麼都與他／她有關。當一個人總是想回家，不喜歡在街上流連，或與其他人一起吃喝玩樂時，我們會笑他／她「心歸」了。

　　原來，「心有所屬」或者「心歸」是我們每一個人都需要的身心靈狀態，這狀況直接影響心理和生理質素，甚至壽命的長短。無怪乎有結婚的或有終生伴侶的，普遍較單身的快樂、

健康和長壽。哈佛大學醫學院過去十年研究，顯示這為唯一生理以外的健康和長壽因素。人需要忠實伙伴，無論對象是人或貓狗。為甚麼忠實伙伴會為我們的生命帶來正面效果？反過來說，心無所屬會帶來孤單寂寞，而且，孤獨太痛了！

　　還有，有養貓狗的也相比沒有養貓狗的快樂、健康和長壽。香港這彈丸之地，不容易鼓勵青少年收養貓狗，條件允許的話，必定對孤獨的青少年有正面效果。至少，焦點不再只落在自己身上。因為，他們要照顧自己的寵物了。這責任也十分有教育意義，他們意識對另外一個個體的責任，他們要安排時間和重整時間表，要有犧牲，也要有惻隱之心，為小狗或小貓着想，不可以再自私！這些訓練，都是心理學家提倡能夠打擊孤獨的有效戰術。

　　在心理學家的鼓勵下，春霖收養了一隻被拋棄的小狗「熊仔」。從此，她的生活變得忙碌和有規律，甚至健康起來。她擁抱着熊仔在投訴：「牠一大清早便跑到我的牀上來，把我弄醒，要上街去大小便。我不得不起來，要不然牠會弄髒家裏，十分臭啊！」一個從不運動的刁蠻女孩，現在天天與熊仔跑步，身體也變得健康了。重要的是她的心情轉好，十分平穩，因為要為熊仔安排很多生活事宜。看！她的集中點不再只有自己了！

　　「心有所屬」，她每一天大部分時間都在家，會邀請朋友到家裏玩和用餐。熊仔令她不再感到孤單，每次回家熊仔都會給她無條件的歡迎，令她變得「心歸」了！她現在是熊仔的一切，令她感到自己受關注，明白自己的重要性。這些都是青少年非常重視的。

表露真性情的重要

「藕斷絲連」的關係

經常聽人説：「不會吧，他很孤獨？他很多朋友的。」不但相識滿天下，也很多表兄弟姊妹一起玩，父母姑媽叔伯也疼愛他，經常帶他到外面玩⋯⋯

事實卻並非如此。也許一個比喻會容易令我們更明白孤獨可以怎樣化解。切過或吃過新鮮烹煮的蓮藕的人，一定知道每一口都會「藕斷絲連」。藕片間連繫着幼絲一根根，這就是每個人都需要的情感交流，細微卻強而有力。有時，甚至連切斷了，也好像是仍然存在，口角仍然癢癢的！

不知怎的，中國人父母面對自己的孩子時總是不善詞令，不喜歡説實話，不能夠表達真情緒，和不容許自己表露真性情。這四「不」卻會害事。孩子自懂事以來，聽不到爸媽説自己好，説自己有用，看不到父母的真性情，感受不到爸媽的情緒，特別對自己的存在。日積月累下孩子的結論是：爸媽沒有放我在眼內，爸媽沒有認為我有好的地方，爸媽都不需要我。如何可以「藕斷絲連」呢？

「蜘蛛結網」的關係

你看蜘蛛結網會向上吊，向下拉，向左鈎，往右扣，多角度，多向度，十分嚴格，也十分牢固。爸媽又如何用絲絲線線

去編織出安全網呢？

首先，多角度稱讚他們的樣貌、身型和能力，多向度欣賞他們所做的事，嚴格地肯定孩子的態度和價值觀。爸媽不是聖人，颱風山竹會令爸媽害怕，全球病毒襲擊也會令爸媽恐懼和擔心，這些都是要說的話。不少孩子活在一片情感空白裏，因為爸媽誤會了向孩子表達情緒是不該，是弱者，可是無情感交流，孩子如何感覺到與父母同在？

孩子需要稱讚，這是他們的成長需要。

孩子需要肯定，是青少年尋找過程的必須。

孩子需要情感上的互動，需要表達、理解和發洩情緒，這些都是正常人需要經驗的。

爸媽們，老師們，請你們更多跟孩子說「情話」，說正面的情緒，也談負面的情緒。緊記，感覺沒有錯與對，可以嗎？

唯有這樣做，孩子和你們一家才會得救！因為你們才能編織絲線，使各人心靈上連結在一起，儘管不是經常在一起，不可能常伴左右，也永遠「心有所屬」而不再感到孤單！

要有「藕斷絲連」的關係，多說情話。
要向蜘蛛學習結「情」網，
使孩子永遠感到「心有所屬」，孤單不再！

情緒錦囊

1. 擁有不等於滿足
2. 沒有欠缺不等於幸福
3. 擁有朋友＋家人＋親戚 ≠ 不孤獨

即使有很多朋友、家人、親戚，情感需求仍然可以是負數，
因為我們只滿足了社交需要，而未能跟自己交待，也未能感
覺到情感上的連繫！

思考課題

1. 孩子感到孤獨只因沒有朋友？還是在甚麼狀態下會發生？

   _____

   以文青或春霖為例，他們缺乏了甚麼？

   _____

2. 為甚麼要隔離孤獨？孤獨的可怕在哪裏？試列舉其中三項：

   _____

3. 你上一次向孩子說「情話」是甚麼時候？在甚麼場合？

   _____

4. 你可曾勇敢地向孩子公開自己的感覺？可以嘗試找一件事開始說起嗎？可以說出哪些感覺呢？

   _____

5. 幫助孩子尋找自我，降低他們的存在孤獨感，需要多加給予他們甚麼？

   _____

6. 「藕斷絲連」的感覺或關係，特色是甚麼？倚靠甚麼才能構成這種關係？

   _____

7. 向蜘蛛學習結「情」網，關鍵在哪裏？怎樣才能夠使孩子永遠感到「心有所屬」，孤單不再？

   _____

8. 花大量時間在社交媒體上的青少年多數感到孤獨萬分，為甚麼？

   _____

參考書目

林少峯編 (2017)：《自殺？他殺？青少年為何走上絕路？》增訂版，香港：中華書局。

Bao, K. J. & Schreer, G. (2016). Pets and Happiness: Examining the association between Pet Ownership and Wellbeing, *Anthrozoos*, 29:2. 283-296.

Hawkley, L.C., Browne, M. W. & Cacioppo, J. T. (2005). How can I connect with thee? Let me count the ways. *Psychol. Sci 16,* 798-804.

HM Government: Department for Digital, Culture, Media and Sport (2018). A connected society A strategy for tackling loneliness—laying the foundations for change. Crown Publishing.

Primack, B. A., Shensa, A., Sidani, J. e., Whaite, E. O., Lin, L., Rosen, D., Colditz, J. B., radovic, A., & Miller, E. (2017). Social Media Use and perceived Social Isolation among young Adults in the US. *American Journal of Preventive Medicine*, 53, 1-8.

Seppala, E. (2019). Feeling Lonely? These 3 ideas can help. *Psychology Today*, March Issue.

Shenzhen Daily, China. 21st Feburary 2014.

Winch, G. (2017). Solutions for the Solitary. *Psychology Today*, July/Aug Issue.

圖畫提供

頁 47、49　　　　　　　　余祖堂，輕度智障與自閉青年
頁 50、51、66、69、70　鄺司睿，青年女子，自小診斷智力障礙與自閉症

第四章

銬手不痛，因為我的心更痛

　　心理學家把她的手袖拉高，滿目瘡痍，由手腕到手臂全是大大小小的疤痕和圖案：有男孩子的名字、有甚麼人的簽名，有符號，有一行行長長短短、新新舊舊不同顏色的疤痕，有的仍然流着黃水，混和着血，未乾……「你不痛嗎？」心理學家問。「不痛，我的心更痛！」阿珍很快地回應。

　　阿珍當時十五歲，讀中三，成績平平，就讀 band 3 的學校，外表斯文有禮，平時少説話，班裏有些朋友，但不多。原來，她感到非常孤單，因為她從來見不到爸媽。不是因為她沒有爸媽，而是父母兩個都在不同時間返工放工，總是遇不上！每天起牀，媽媽已經出門口了，因為她在機場做清潔；爸爸是司機，半夜回來了，仍然在沉睡中，待孩子放學回家時，他已經出門上班了。當媽媽回家時，又已經十分晚，因為她為了更多賺一點，經常加班到午夜。

　　她有一個弟弟，因為弟弟還小，只有七歲，談不上話，要照顧他，每天接送他返學校，回家會與他玩一會兒，但又要督促他做功課……飯餐呢？誰燒飯？媽媽風雨不改，從不忘記放下兩張五十元紙幣，給姐姐負責買飯盒回來和弟弟一起吃，還要乘巴士和地鐵的消費等，每天剛剛差不多用完。

　　阿珍因為她的名字俗套，經常被同學笑和戲弄。她的孤單感令她很渴望有陪伴她的人，所以，以為男朋友會是忠實和持久的伙伴，豈料，又在感情上受傷……她的淚珠大顆兒滾滾流在她白皙的臉頰，很苦！

「我每天對住四面牆，除了仍未懂事的弟弟，甚麼人也看不見。我不明白為甚麼我們要生存，我不知道我們在追求甚麼，我甚至不了解我是誰！你曉得這樣生活有多痛嗎？有人愛我嗎？來了又走了⋯⋯」

聽着，心理學家也不禁黯然淚下⋯⋯

＊　　　＊　　　＊

禮殷坐在心理學家面前，流着淚，身體不受控的震動着，她的恐慌情緒又出來了。但是，她的臉頰有一道長長的疤痕，仍然留有血跡。她的手腕呢，有一排排用 20 塊刀片割出來，像戴上手腕錶一樣的深咖啡色條紋痕跡，技巧相當純熟。

她的短裙子被她的座椅拉高了一點，膝蓋以上的地方，全是一片片紫的、灰的、青的瘀團。

禮殷察覺瘀團被心理學家看見了，一邊忙着把裙子拉扯到膝蓋，一邊在胡扯甚麼碰撞到椅子上，所以大腿撞瘀了⋯⋯

大學二年級的禮殷，是社會學的高材生。甚麼比賽或獎學金，她都能夠得心應手，輕輕鬆鬆地拿到手。教授都喜歡尋找她來幫忙籌備研討會或研究發報會等，無論是尋找資料，還是組織資料數據，她都是能手，不但效率高，並且製作有質素、認真、細緻和負責任，還畫得一手悅目的插圖。她在同學面前十分能幹，成績優越，只是身體不太強壯，看上去十分柔弱。

她家住半山，父母皆專業人士，資源供應充足，她平日可以用的金錢也充裕。有一哥哥，只大她兩歲。但她從不提及這哥哥。

　　　　＊　　　　＊　　　　＊

　　達仔十八歲，為人心直口快，對女朋友千依百順。沒有完成中學，跑到意大利薄餅屋工作去，父母是支持的，因為他是長子，有六個弟妹，最小的才四歲，只有爸爸返工當司機，僥倖家住公屋，支出不太大。有達仔幫手，的確是全家經濟上的出路。達仔很顧家，雖然薪金不高，每月拿 6,000 元回家給媽媽幫補家用。不過，始終因為居住環境擠迫，家裏衝突甚頻繁，大家高聲對罵，污言穢語是平常事，達仔已適應了家庭的生態系統。

　　剛認識半年的女朋友，家住雙連單位，父母是專業人士，家裏有規有矩，餐枱上沒有粗口，達仔要很努力調校自己的言語和生活習慣。由於女孩比較黏家，又加上疫情，兩小無猜便經常戲在女朋友家裏，一起進餐，一同看電視、打機等。

　　由於女朋友在意大利薄餅屋兼職時被欺侮，也因他們的關係遭人說閒話，他因受壓，也一怒之下辭職。豈料，疫情嚴竣起來，全部食店關門，四處裁員，以他的背景學歷，可以選擇的工作不多。他嘗試在親戚的工廠幫忙，但也是停產，請他回家等。

　　此後，他變得暴躁，小事總是變大事。當初他發脾氣時，拿起小物件就扔，然後發展到近來把自己的身體用來打和擊，頭擊到牆壁或門楣，出門之後，進入升降機，門一關上，便急不及待將背脊猛撞到升降機的背板上，發洩或出氣！

自殘的迷思

> **迷思一**
>
> 「自殘的人想要結束他們的生命。」
>
> 事實：研究表明，自殘的年輕人明顯比其他年輕人有較高的自殺風險。然而，自殘的年輕人往往是努力地在應付生活，而不是想退出而死掉。

自殘不是自殺？

自殘在全球青少年中非常普遍，香港也不例外！自殘不是自殺。

不過，自殘是一嚴重的警報，警戒我們嚴重的問題已經存在和發生了，要立刻嚴陣以待。否則，雖然自殘本身不等於自殺，但要說清楚一點，有自殘行為的青少年未必沒有自殺傾向和意圖，也沒有人知道會不會發展成為自殺。這一章集中討論自殘。

> **迷思二**
>
> 「年輕人自殘，都是為了尋求關注，是十分愚蠢的行為」。
>
> 事實：如果這是年輕人唯一或者最後的方法，用來展示他們的情緒有多困擾，那麼，我們應該認真對待。

「發生甚麼了？自殘對於局外人來說，是難以理解的行為，甚至是傻。但如果我們嘗試理解，他們其實想誠實面對

森馬（陳嘉誠老師）

己的感覺，又限於他們當時僅有的資源，要充分表達出來的話，那麼就是選擇了自殘。這可能就會容易一點去理解這行為？

2018 年，挪威的研究人員匯合了 20 項有關青少年自我傷害的研究數據，以找出導致年輕人傷害自己身體的原因。奧斯陸大學（University of Oslo）心理學家蓮妮・印拉化・沙尼賈博士（Line Indrevoll Stänicke）認為，新的研究發現，年輕人使用自殘來表達他們認為自己必須隱瞞的情緒和感覺。傷害自己成為一種表達困難和情緒的方式，當青少年相信言語無法形容時，又認為根本社會也不想聽到那些困難或經歷時，他們就只有尋求其他途徑來表達，甚至用自己的身體。

迷思三

「自殘的青少年有病。」

事實：自殘行為並沒有在心理學診斷統計手冊第五版本 DSMV（2013）以一獨立的精神疾病類別來處理。

自殘是病？

自殘是一種「症狀」，而不是像抑鬱症一樣的獨立診斷。

臨床證據顯示，自殘行為經常有合併另外的心理健康問題，包括精神疾病。倘若這行為持續到成年，很大機會會誘發其他精神症狀和疾病。臨床證據也顯示，患有抑鬱症、焦慮症、藥物濫用和邊緣性人格障礙的青少年的自殘率尤其高，特別是患有邊緣性人格障礙的青少年，他們自殘的機會要比其他人高 55-85%。

青少年情緒波動，激動起來有時會嘗試使用怪異的情緒管理技巧，可能會冒昧地嘗試自殘。但臨床經驗告訴我們，這些試驗者並不會成為自殘者，因為他們造成的傷害沒有積極作用。一般人感到疼痛和看見鮮血時，會降低杏仁核的活動，杏仁核是大腦最原始的反應區，也是感覺所在負責「情緒」的中心。神經生物學的角度表明，疼痛和看見損傷竟然可以鎮靜大腦反應，這相信是自我傷害的根本原因。

這發現的重大意義在於告訴父母和教育工作者，青少年自殘不是病，他們也不是學壞，更不是尋求關注的刻意行為，而是個別青少年的神經生物反應方面出了問題。

神經生物系統與我們的思想和情感的表達有着千絲萬縷的聯繫。當我們描述神經活動時，我們不是在解釋，而是在探索思想和情感的瓜葛。悲傷或自欺欺人等情緒，甚或應受懲罰的信念，令青少年覺得痛苦，而痛苦需要得到緩解，因而使自殘的青少年付諸行動，用一種痛去掩蓋另一種痛。

他們並不是承受不了痛楚的一輩，也不是承受不了壓力。

在過往的研究中，自殘青少年的唾液樣本顯示他們的壓力激素皮質醇較低，否定了自殘是對壓力的反應的説法。與此同時，他們對疼痛的耐受程度甚至較其他人高，例如他們可以浸一隻手在冰水中的時間相比其他人長。

自殘青少年的壓力較低，這是一個奇怪的發現。一般人都會認為壓力激素皮質醇對我們有害，但是，它同時提供了一種動力和興奮感，使我們保持警惕和對某事感興趣。當皮質醇水平低時，我們反而會感到呆滯和脱節。也有可能會自殘的青少年正在尋找正常水平的皮質醇？

皮質醇通常在一天的不同時間開放，尤其是在早晨。當皮質醇含量很高時，人體自身的體內穩態就會發揮作用，而皮質醇的含量會通過內置的紓緩作用而減弱。青少年自我傷害的皮質醇水平受到抑制，干擾了體內平衡週期。青少年既缺乏正常水平的皮質醇，也沒有鎮靜的皮質醇，便通過自我傷害提高皮質醇水平，這也可以用來減輕不良情緒。自殘的青少年可能需要的是更多的刺激，而不是更少的壓力，例如刺激和驅動力。

2019 年，研究自殘的神經生物領先專家、德國精神醫學教授克里斯汀・施馬爾（Christian Schmahl）對自殘行為進行了神經生物學的研究，發現自殘的青少年具有獨特的大腦和生理活動，大多數青少年對於身體疼痛和看任何傷口時都會感到害怕，但是自殘的青少年對於見血和疼痛倒可以應付自如。疼痛一般會加劇了悲傷、憤怒和沮喪的感覺，但自殘的青少年會因疼痛而平靜下來。當青少年將刀拿到手腕上、大腿上，或將灼熱的火柴按在大腿上時，憤怒、悲傷和沮喪反而會消失。

自殘的定義

　　讓我們先給自殘來一個簡單的定義：故意傷害自己。

　　鎅手和撞擊身體都是常見的自殘方式，他們都帶來明顯的痕跡，有血和傷疤。自殘其實還有很多其他比較間接和不留痕的方式，例如冒險行為、性濫交、酗酒或濫用藥物和進食困擾。

　　廣義上來說，自殘包括以任何形式傷害自己身心健康的行為。精神病醫生先驅 Yaryura-Tobias 提出，自殘是一種有意識的行為，有企圖和目的地傷害自己的身體，唯一是沒有致死的意圖。因此，「自殘」和「自殺」在意圖、情緒認知、受傷程度和結果方面，都不盡相同。

　　狹義上則僅指稱以任何方式傷害自己的身心健康，但並沒有結束生命的意圖或清楚意識，包括以頭撞牆、咬傷或割傷自己等。美國國家臨床卓越研究所 2004 年將「自殘」描述為，個人沒有考慮動機便作出的任何傷害自己的行為。此定義涉及直接形式的自我傷害，例如：切割、抓、咬、敲打或碰撞身體至斷骨；服用過量處方藥物；燃燒皮膚、物體嵌入皮膚、撞牆等。

　　要留意以下兩個重點，首先自殘者並沒有試圖自殺，相比之下，他們常常自我傷害以求感到自己生存，而不想麻木地過日子。第二，根據定義自殘必須是不受社會認可的行為，因此，無論你對年輕人的鼻子或肚臍穿孔的感覺如何，這些行為都不算是自殘。但是在皮膚上切割、燃燒，拔頭髮或用頭撞牆等對身體構成傷害的行為，就肯定是自殘了。

自殘的循環

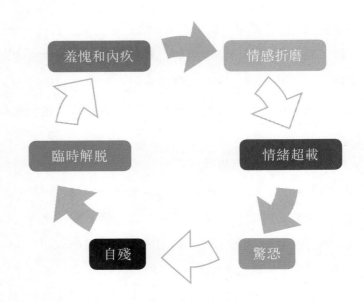

情緒調節困難

誠然，每一個活着、有生命的人都會遇上困難，關鍵在於如何調節伴隨困難和問題而來的情緒。青少年人生活經驗未夠豐富，資源不足以應付問題時，調節出現障礙，感到受折磨，成長加上環境和學習壓力，帶來一大籃子的負面情緒，漸漸地問題接踵而來時，超過他們所能夠承擔，情緒便出現超載！當負向情緒充斥其中，又同時發現自己有情緒調節困難，那時就會發生驚恐而且爆炸！

當青少年對問題持續感到絕望，他們感到被困和無助，又不知道該向哪裏尋求幫助。憤怒或緊張的感覺，像被灌入瓶中，直到感覺像要爆炸一樣。自殘行為可以幫助他們感到「好

像」可以更好地控制自己，有助於即時減輕他們的緊張感，帶來臨時解脫。青少年相信自殘可以緩解他們的情緒困擾，他們將自殘描述為一種幫助他們自我感覺良好的方法，最低限度，他們知道自己還未死，甚至以為可幫助他們產生一點點正面的感覺。就如文章開始的個案，無人與她溝通的阿珍，面對四面牆，強烈的孤獨感令她有點麻木，她想令自己清醒，於是鎅手，令自己覺得有活着的正面感覺，帶來臨時解脫。使用鋒利的物體割開皮膚，引起身體上的疼痛感，這是一種不健康的應對機制，可以臨時緩解內疚感，內心的疼痛、羞恥、焦慮和一文不值的感覺。或羞恥感也可能變得難以忍受。自殘是一種懲罰自己的方式。充斥他們的，是要解脫，痛楚像把他們弄醒，使他們感到快樂和滿足。這樣，青少年自我傷害的主要動機是調節情緒，只是，我們仍然未能掌握背後的神經科學。

2017 年，美國的社會心理學家進行了五項不同的研究，邀請了 1,200 多名大學生和工人參與卡針腳在玩偶中，結果顯示刺針的數量與自殘的發生頻率和嚴重性有關，還可預測自我傷害的心理因素，包括焦慮、沮喪、自我批評和自卑。

這種身體上的疼痛會引起即時鎮定和紓緩感，對某些人來說甚至會產生一種歡快感。但是內心的羞愧和內疚感很快就取代了這種即時的滿足感和解脫感，使自我傷害衝動的惡性循環再次得以延續。從某種意義上說，自我傷害類似於成癮。毒品和酒精可能會部分加劇這種行為，而毒品和酒精也是麻木內部疼痛的不健康應對機制。結果，物質使用可能與自殘行為並駕齊驅。

每一個活着、有生命的人都會遇上困難，
關鍵在於如何調節伴隨困難和問題而來的情緒。

林少峯

迴避負面情緒

第二，青少年試圖以自殘方式來迴避或駕馭一些負面情緒，包括憤怒和沮喪。就如禮殷一直在努力克服自己錯過了跟已逝的外婆道別，一直努力克服自己的憤怒和無助沒有人會向她的傷害負責任，父母也從不認為他們的決定對她造成的傷害，她只有自己用辦法解放自己的情緒。

第三，青少年會自我傷害以應付他們相信別人不會接受的負面情緒和感覺。又或者，他們認為這樣做能夠保護其他人免受負面情緒的傷害。

像阿珍失去男朋友，感到十分痛苦，但她不想告訴老師和爸媽，因為他們根本就不會接受她的求愛行為，遑論因而引起的負面情緒。也不會告訴經常取笑她的同學，因為一定得不到支援。像禮殷那樣，被侵犯了，甚是痛苦。但因加害者是媽媽的家人，為了保護媽媽免受傷害，她保持緘默，閉口不言。

尋求共鳴的方式

　　第四，難免有些青少年試圖利用自殘行為作為與朋輩聯繫上的一種方式，不少自殘的年輕人會在網上上載自己自殘的經驗或甚至鎅手的相片，感覺好像找到了有共鳴的人。與此相關的是，有些青少年以自殘作為朋輩間求助的呼聲。就是因為這樣，有不少個案是其他同學在網上看見這些信息或相片，而通知心理學家或老師求助。

　　毫無疑問，鎅手是危險的。即使沒有自殺的意圖，也很容易割得太深，自殘行為確實可以導致其他併發症，例如神經損傷和傷口感染。實際上，鎅手的人都知道這是不健康的行為，他們會經常竭盡全力隱瞞自己的行為和傷疤。自殘也許是他們感到羞恥的最後一件事，透露自己自殘不是易事。簡而言之，自殘是不健康的應對機制，諸如醉酒、暴飲暴食或尋求「high」──一種神智不清醒的狀態，這是一種渴求感受你所感覺不到的東西的方式，也可能是一種因無法達標而懲罰自己的方式。研究已經表明，有自殘行為的青少年將來有更高的自殺風險，包括自殺傾向和意圖。

　　年輕的他或她，少不更事，當感受不到諒解和認同時，
　　會選擇用自己的身體去表達、緩解，甚至駕馭他們的痛。

林少峯

自殘高危一族

1 青少年

　　青少年正值青春期，是發育的關鍵時刻，在此期間，身體上及頭腦上都會發生重大的神經和生物學變化。除了身高體重等表面變化外，思考情智各方面都發生急劇轉變。伴隨着這些變化，青少年面臨與學習和工作有關的，與朋輩有關的，還有家庭關係，戀愛關係以及不斷增加的責任感和獨立的掙扎等，全部都會為他們帶來新的挑戰，世界彷彿不再一樣了。由於遺傳、生理上的發展、精神狀態、社會發展，文化甚至次文化之間等複雜的相互作用，他們錯綜複雜的影響，都對年紀輕輕的青少年構成莫大的壓力。自我傷害的行為也通常在青春期開始的階段萌生。

　　2012 年，學者翻查了世界各地共 52 項有關自殘的研究，結果發現大約 18% 的青少年有自殘行為。這幾乎是五分之一！那即是說，每五個青少年人，就有一個曾經有自殘行為。

　　2018 年的一份關於美國不同州的青少年的報告發現，男孩的自殘率在 6.4% 至 14.8% 之間，女孩的比例為 17.7% 至 30.8%。鎅手行為通常是在青少年時期開始的，平均年齡在 12 至 14 歲之間。這時期的數據尤其令人驚訝：研究表明，有 13% 至 23% 的青少年選擇鎅手、燒傷或故意傷害自己的身體。

　　2018 年另一項英國的研究調查對女同性戀、男同性戀、雙性戀青年中的自殘頻率，發現同志文化（LGBT）中的青少年自殘率比同齡的青少年風險高得多，近三分之二約 20 多歲

的 LGBT 學生發生過某種形式的自殘。其他研究還發現，一般來說 LGBT 青少年自殘的可能性是其他青少年的兩倍，而且通常與欺凌和歧視有關。

2019 年 3 月美國羅格斯大學的愛德華・塞爾比博士（Edward Selby）在《臨床心理學》雜誌發表自殘過程中的疼痛動力學。為了弄清楚疼痛在青少年的自殘中所起的作用，研究人員最近開發了一款智能手機應用程式，收集自殘者日常生活中的自我報告數據。數據顯示 47 名年齡在 15 至 21 歲之間的青少年經常自殘，最少每週一次。

通過智能手機應用程式跟蹤的 143 例自殘事件中，大多數參與的青少年自我報告表示，當他們最早開始用刀鎅自己時，確實感到十分痛楚的。痛楚倒會漸減，及後每次自殘時，負面的情緒高漲，與發作期間那少許的傷口疼痛的結合，往往會導致發作期間要重複多次自殘，每一次自殘行為的時間會漸漸持續增加。如果有人在每次發作中都有很強烈的負面情緒，而傷口的痛楚減輕了，那麼在兩週的跟蹤期內，這青年人很大機會發生更頻密的自殘行為。

到底年輕人有多少時候會描述自己為「不好」、「有缺陷」或「抵死」（應受懲罰）？哈佛大學的吉爾・霍利博士於 2015 年解釋，傷害自己或承受痛苦與青少年極負面的自我形象在某程度上是一致的。她嘗試評估青年人對「壞」和「抵死」的自我信念跟自殘的關係，結果發現一個對自我信念越低越負面的青少年，他能夠忍受痛苦的時間就越長。

值得一提的是，這項研究發現有自殘行為的青少年中 70% 是女孩，這反映出女性自殘率較高。女孩比較容易在少

年時期開始傷害自己，跟男孩相比，女孩會使用更嚴重的自殘形式。以香港為例，普遍女孩多使用鎅刀刻痕，割傷手和手臂。而男孩情緒高漲或喝醉時，或處於社交場合時，會以身體撞擊硬物或者牆壁，致身體受傷。就像個案中的達仔一樣，在升降機內狂撞，弄至背脊瘀血一片片，連胸骨也有裂痕。

2　企圖止痛的

身體上的疼痛可以替代或消除情緒上的疼痛。割傷的物理痛苦不僅會分散負面情緒，而且還會帶來鎮定和放鬆的感覺。由於鎅手幾乎立即生效，因此鎅手具有很高的增強作用，甚至有人說會令人上癮。鎅手的人將這種感覺描述為逃避或釋放壓力。最終，大腦開始將情感痛苦的緩解與鎅手聯繫起來，這會產生難以抗拒的強烈聯想，甚至渴望。儘管大多數自殘的都這樣做了兩到四年，但仍有許多人在這段時間之外繼續。自殘的頻率也有所不同，有些每天都做一次，而有些則可能隔幾週、幾個月甚至幾年。

3　對自己嚴苛的

大部分鎅手的人都是他們自己最嚴厲的批評家。2014 年一項研究分成兩種對照組作比較，要求鎅手及沒有鎅手的大學生每天記錄自己的情緒日記共兩週。兩組最大的區別是甚麼？鎅手的年輕人比不鎅手的更不滿意自己。這種不滿表現，會作嚴厲的自我批評。的確，任何自殘的人都對自己很嚴苛，用字入骨，例如：「無用」、「失敗」、「肥胖」、「死蠢」……有

趣的是，2012 年的一項研究表明，嚴厲的自我批評與自殘相關最密切，而不是其他更間接的自殘形式，如飲食失調、飲酒或吸毒等。

4　有創傷史的

鎅手可能是一種消除麻木的方法。特別是有創傷史的人可能會自殘以控制自己的痛苦，或感到麻木以外的其他感覺（參閱本書第九章〈創傷過後〉）。

5　情緒得不到認可的

這是另一種解決情緒痛苦的方法。在一個悲傷、受傷或失望的家庭中撫養長大的孩子容易感到難過、被嘲笑或得不到確認，他們會開始認為自己的負面情緒不被接納，反而將鎅手視作為一種痛苦的但「可以接受的」方式。如果親近的人不認同他們在情感上感到疼痛，他們便選擇在身體上得到緩解和釋放。

阿珍和禮殷兩個女孩子都同樣地將情感痛苦的緩解與鎅手聯繫了起來。禮殷鎅手的歷史比阿珍長，她真的是鎅了超過四年。小六之後開始，她先因為突然失去陪伴她成長的外婆，一個重要的依附對象，並且，因為家人向她隱瞞外婆逝世的事實，令她沒有機會向外婆道別。她一直耿耿於懷，非常不開心，也開始失去了生活的向度，好像揸不住甚麼那樣，骨子裏。當時她不知就裏，一直在等婆婆回來繼續昔日的生活，等到她變得麻木了。終於在中三時得到答案，原來外婆在她

六年級時已逝世。所以她不斷以鎅手表達她的憤怒和不捨。
的確，她的情感得不到認可和尊重，父母漠視了孩子與外婆
之間的依附和情感。然後，她曾經被親戚性侵犯，並且有數
年之長。但她沒有告訴爸媽，只有外婆知情！她對事件經過
和面對異性都感到十分害怕。所以她的朋友或者合作伙伴差
不多全都是女孩。

禮殷經常不滿意自己，包括外表和能力上。老是感到自
己未做到最好，對自己十分嚴苛。例如她的插圖畫好了，還
要不停修改，有時她的作品是早上凌晨至三、四時遞交的。
這也與女孩自小父母的要求有關，她永遠要達到父母更高的
要求！阿珍明顯渴望有人關心和愛護自己，但又經常遭同學
欺侮，男朋友一個一個拋棄她，寂寞的心更加受傷害！孤獨
有多痛（參閱本書第三章〈我彷彿躺臥在棺材裏！〉），只有她
自己才知道。兩個女孩分別有不同的背景，不一樣的經歷，
但是她們都採納了同一種偏差行為來企圖止痛。

文章開首的第三個個案中，達仔長期受壓，包括財政、家
庭背景、工作和學歷，兩個家庭的距離（參閱本書第二章〈壓
力有毒？〉）！

媽媽不會明白為甚麼達仔無故失掉工作，一位家庭主婦
也未必能夠諒解市道十分差，尋找工作何其困難！每次達仔
回家，總是被媽媽「調查」搵工進展。自己也會怪責自己辭去
工作是否作出了錯誤抉擇，過於衝動……此刻，他毫無辦法
可言，財政需要迫在眉睫即使家人沒有需要，自己也已身無
分文了。天天獃在女朋友家也不是辦法。做了「黐身膏藥」，
為求避開媽媽的牢騷，有兩餐好吃的與喜歡的人一起吃。感

到內疚時，他會幫忙清潔，但這樣子如何生活下去呢？他會否失去了自己？他已經那麼的困擾，女朋友還會來一句：「為甚麼你那樣燥呢？」對達仔來說，這分明是完全不理解的說話，他還可說些甚麼呢？媽媽和女朋友都如是！於是他衝出單位，進了升降機時便狂撞自己的身體，這樣他才感覺到自己的存在，意識到自我的感覺。

達仔有說不出的壓力和痛苦，但是沒有人明白和認同。他也沒有其他資源可用了，僅有自己的身體。

自殘，因為我有說不出來的痛。

林少峯

自殘有跡可尋嗎？── 自殘的警告信號

自殘有跡可尋嗎？既然這行為並非一朝一夕囤積出來的話，作為父母或者老師，都應該能夠從觀察中得到一些信號，可追蹤自殘者的行蹤，及早給予支援和治療，免得情形每況愈下而失去最佳的處理時機。

綜合台灣和美英等地的研究報告和臨床經驗,作者將警告信號區分為四類,情緒上、身體上、社交上和環境上的,如下表:

自殘的警告信號

情緒	Ψ	談論自我傷害
	Ψ	無法表達情緒
	Ψ	表達失去希望的感覺
	Ψ	活動和情緒的變化十分大
身體	Ψ	經常紮繃帶或貼膠布在手臂或手腕上
	Ψ	總是找藉口在身體上有割傷痕跡或傷口(手腕、手臂、腿、背部、臀部或腹部有很多割傷/燒傷)
	Ψ	穿着寬鬆的衣服(例如在炎熱的日子裏穿連帽衫或長袖衫來掩蓋傷口)
社交	Ψ	與朋友或家人保持距離,甚至隔離,避免出席社交場合
	Ψ	積極參與冒險行為
	Ψ	避開運動課、游泳課等
	Ψ	飲食習慣改變
	Ψ	長時間停並把自己關在臥室或浴室
環境	Ψ	在不尋常的地方找到剃鬚刀、剪刀、打火機或其他刀具,例如在牀頭櫃的抽屜或牀下

自殘有得醫?

探索治療自殘的新方法

　　自殘是為了保持自我價值和自我存在,是一項重要發現。因為我們能夠對症下藥,認知治療相信是奏效的干預。臨床

經驗告訴我們，通過幫助青年人改變他們深深根植於負面自我觀中的事物，也許能夠解除他們對自己再做壞事的傾向。

　　僅告訴自殘的人：「你們應該更積極地面對自己……」、「你們理應獨立思考，令自己理性點……」這些都是我們作為成年人，或是父母，或是老師所經常犯的錯誤！這些話不但對事情毫無幫助，還會壞事，不幸的是，一些年輕人利用自我傷害來應對內心深處的困難。這樣，年青人更加感到他們的孤獨，沒有人明白和理解他們呢！

認知治療

　　2014 年，霍利博士（Jill Hooley）和聖謝曼博士（Sarah St. Germain）在《臨床心理學》雜誌報告他們進行的五分鐘認知治療，目的旨在改變年輕人對自我價值的信念，以實際可行的現實生活例證來處理。干預前後，研究人員測試和記錄參與治療的青少年的疼痛承受能力，量度他們的手指能夠保持在壓力裝置上的時間，還為他們預備了控制好心情的「快樂音樂」，以發揮非認知作用。

　　自殘的年輕人接受干預後，他們的手指能停留在設備中的時間僅為最初的一半，說明了他們的自我價值感增加得越多，他們越難忍受痛苦的境地。這心態就是說：「我搞定了！」自殘的人其實未必是逃避痛苦，相反，他們刻意經歷痛苦，以證明自己有多失敗或有多受傷。當他們的自我價值感提升，這種傾向很大可能會隨之而瓦解。心理上，當我們越覺得自己有價值時，自然地我們忍受惡劣情況的意願就越小。相反，當我們對自己的感覺越差，就越傾向於嘗試大多數人根本不

會考慮的疼痛方案來調節情緒。不過，效果可以持續多久仍然未有研究證實。

行為治療

富蘭克林（Franklin）正在嘗試通過新奇的反制約模式進行行為干預。干預的目的是使自殘的年輕人刪除並拆解，之前可能已經依靠古典制約練習得來的行為模式，從而改變過來。技巧是將疼痛的圖片與緩解連繫，再使他們對自我消極的描寫產生負面聯想。初步證據表明，改變這些感覺聯繫可能是有效的治療方法。

富蘭克林博士和同事們更在 2014 年《變態心理學報》（*Journal of Abnormal Psychology*）發表研究，認為將疼痛與緩解和消極的想法與自己相關的單詞聯繫起來，是預測自殘的良好指標，這表明此類療法可以用作早期篩查自殘的工具。

聽！自殘青少年的聲音

作者綜合世界各國學者的研究所得，把青少的看法歸納為五個主題。當中包括英國牛津大學自殺研究中心的學者賀頓博士（Dr. Keith Hawton）確立的三個家庭主題（愛、交談和家庭問題）和澳洲的心理學家貝格博士等人確立的，還有台灣研究得出的結論。

1　説和聽

父母必須與年輕人交談，雙向的交談，包括説和聽。傾聽，以了解他們自殘的功能。事實上，我們應當對父母進行自殘方面的教育，以便他們可以學習如何與年輕人就此問題進行適當的溝通。

2　招攬其他成人協作，擴大支援網絡

當發現孩子有自殘跡象或行為，父母一邊聯繫和通知學校工作人員，一邊召集其他家庭成員幫忙，一起解決問題。鼓勵自殘的年輕人與可能幫助到他們的其他成年人接觸，例如做社工的姑媽，從少認識她的舊鄰居姨姨，或者他小時候經常逗留玩耍的寵物店的伯伯。任何他們信任並且能夠提供情緒支緩的可信任成年人都會起重要的作用。

3　專業人士介入

專業人士的介入必不可少。父母要盡力將年輕人帶到專業人士面前，例如心理學家、精神病醫生、社工或者專業輔導員，讓他們以適切的治療方法改善問題。

4　不污名，保機密

有許多與心理健康相關的標籤污名和成見，大多數定型觀念是由於缺乏理解。我們往往會害怕自己不確定或不了解的事情。不幸的是，缺乏理解和知識會導致標籤化、污名和

陳規定型觀念，這些只會帶來害處，並且無法幫助需要幫助的人。刻板印象更可能引致歧視、騷擾和自卑。父母在尊重年輕人的隱私的同時，減少自己和孩子背負着的恥辱感——標籤污名和成見；並確保孩子私隱的機密，肯定要開闊胸懷，不偏不倚，不啟動自己的負面情緒。

5　建立建全的家庭網

　　青少年總是希望家人能給予更多的愛、關注、時間、支持和照顧。父母以為已經足夠的時候，孩子往往渴求更多，或者父母以為自己已提供了足夠的資源給孩子，卻完全配合不到孩子想要的。這些情況都很悲哀，一起生活的人原來那麼陌生。到底溝通的路障在哪裏？

　　父母應該對年輕人及其生活充滿興趣和好奇，理解年輕人面臨的挑戰，並努力使年輕人快樂。

　　理解不等於同意、同步，理解是知道事情、明白他的看法和確認他的感受，裏面包括了尊重和接納，尊敬他們的想法和接納他們的行為。重點是接納不等於接受（參閱本書第一章〈我學會了自卑〉）。父母與子女不是連體的，不共用同一個腦袋，因此，不需要看法和意見完全一樣，也不用爭辯。父母只有在生命攸關的事情上，向子女表達清楚自己的價值觀和世界觀。當然，這些價值和態度不能夠在青少年時期才第一次提出來討論。

　　父母請設法減少家庭中的衝突，避免情緒激動的反應，並增加家庭活動，這可能會使年輕人分散他們的問題。此外，

年輕人還需要人身安全和穩定的家庭環境。禮殷的願望:「我多渴望我也有家庭日!」

最後,自殘可怕嗎?

自殘對人體健康的實際損害通常很小,但自殘帶來的擔憂遠遠超出了自殘引致的身體損傷。當父母看到他們投入了大量精力養大的兒女,故意傷害他們一直盡力保護的身體,一定感到非常焦慮、受傷和困惑。另外,心理學家還擔心自殘對青少年的長期影響,因為自殘很大機會會增加成年後自殺和患上焦慮症的風險。

自殘的青少年在很大程度上被歧視和誤解。父母是求助過程中十分關鍵的角色。但父母通常感覺自己的不足,無能為力,無法為年輕人提供合適的支援。

自殘的影響很大,最常見的是父母與年輕人之間存在着不容易處理的差異。另外,父母都因自己的孩子自殘,不期然感到羞恥和內疚,於是更不願意尋求幫助,更感覺丟臉。誰來減輕父母的痛苦,減少其他家庭成員的自責,並增加父母尋求幫助的可能性?

當青少年或因透過治療,或因發展成熟而停止自我傷害時,其神經生物系統反應將會恢復正常。他們對疼痛的反應不再示弱。當他們感到悲傷、孤獨或沮喪時,他們不再有強迫對自己進行傷害的意圖,也不再因看到自己的血而得到安慰。

自殘 vs 發燒

發燒本身不是一種病，而是身體有毛病的警報。

自殘也不是一種獨立的診斷，而是精神情緒出現問題的表徵。

「爸媽，我自殘，因為我生病了。不過這是精神上的病，不是身體上的病。請你們同樣照顧我，帶我去看醫生。」

聽與說的新學習 —— 心到，口到，腦到！

说　不可亂用嘴巴，要運用心思，動之以情。

聽　不能單靠耳朵，要使用腦汁，達之以理。

動之以情

達之以理

林少峯 題

思考課題

1. 你認為阿珍鎅手痛嗎？為甚麼？請列出三項原因。

   _____

2. 嘗試用禮殷的問題，套進去自殘的循環，解釋一下她為甚麼自殘了這麼多年？請列出三項原因。

   _____

3. 哪些是自殘的高危人士？挑選一種來詳細討論。

   高危人士 1：_____

   他／她做了些甚麼？

   _____

   高危人士 2：_____

   他／她做了些甚麼？

   _____

   高危人士 3：_____

   他／她做了些甚麼？

   _____

4. 現實生活中，有哪些青少年企圖自殘的警告信號？

   _____

5. 你們可以用甚麼方法保護自己的孩子免受情緒困擾？

   _____

6. 從研究所得，青少年有哪些聲音十分適合你們嘗試執行？請列出三項。

   _____

7. 找一件事情，想一下你們可以如何運用情緒錦囊妙計中的新學習。

   _____

參考書目

林少峯編 (2017)：《自殺？他殺？青少年為何走上絕路？》增訂版，香港：中華書局，第九章〈自殺防治三：家庭安全網〉。

Bacino, L. (2014). A World Health Organisation survey reveals that a fifth of 15-year-olds in England say they self-harmed over the past year. *The Guardian*, May 21.

Berger, E., Hasking, P., & Martin, G. (2013). "Listen to them": Adolescents' views on helping young people who self-injure. *J Adolesc*. Oct; 36(5): 935-945.

Chester, D. S., Whitt, Z. T., Davis, T. S., & DeWall, C. N. (2017). The Voodoo Doll Self-Injury Task: A new measure of sub-clinical self-harm tendencies. *Journal of Social and Clinical Psychology, 36*(7), pp.554-578.

Diagnostic and Statistical Manual of Mental Disorders (DSM-5). Nonsuicidal Self-Injury, APA. 2013.

Ferrey, A.E., Hughes, N.D., Simkin, S., Locock, L., Stewart, A., Kapur, N., Gunnell, D. & Hawton, K. (2016) Changes in parenting strategies after a young person's selfharm: a qualitative study. *Child and Adolescent Psychiatry and Mental Health*, vol. 10, no. 20.

Fortune, S., Sinclair, J., Hawton, K. (2008a). *Adolescents' views on preventing self-harm: A large community study. Social Psychiatry*, 43, pp.96-104.

Fortune, S., Sinclair, J., Hawton, K. (2008b). *Help-seeking before and after episodes of self-harm: A descriptive study in school pupils in England. BMC Public Health*, 8, pp.369-382.

Morgan, C., Webb, R. T., Carr,M. J., Kontopantelis, E., Green, J., Chew-Graham, C. A., Kapur, N., Ashcroft, D. M. (2017). Incidence, clinical management, and mortality risk following self harm among children and adolescents: cohort study in primary care, BMJ 2017; p.359.

Saanijoki,T., Tuominen, L., Tuulari, J. J., Nummenmaa, L., Arponen, E., Kalliokoski, K., & Hirvonen, J. (2017). "Opioid Release After High-Intensity Interval Training in Healthy Human Subjects." *Neuropsychopharmacology.*

Schmahl, C. (2019). Neurobiology of Self-Harm in Borderline Personality Disorder. ACAMH conference. London November 8, 2019.

Selby, E. A., Kranzler, A., Lindqvist, J., Fehling, K. B., Brillante, J., Yuan, F., Gao, X., & Miller, A. L. (2018). "The Dynamics of Pain During Nonsuicidal Self-Injury." *Clinical Psychological Science* (First published online: October 24, 2018).

Taylor, P. J., Dhingra, K., Dickson, J. M. & McDermott, E. (2018). "Self-Harm within Gay, Lesbian and Bisexual UK University Students." *Archives of Suicide Research* (First published online: November 19, 2018). The British Psychological Society (2014): Teen levels of self-harm on the increase. News item published on 23/05/2014. http://www.bps.org.uk/news/teen-levels-self-harm-increase

圖畫提供

頁 73、78	森馬 (陳嘉誠老師)
頁 84、85、91、98、99	鄺司睿，青年女子，自小診斷智力障礙與自閉症

第五章

「機」不可失

　　志傑今年十三歲，在一所 band 2 中學就讀精英班，他的大部分同學都是出生於財政資源豐富和家庭支援十足的中產家庭。

　　他小時已喜歡體育運動，特別是踢足球，現在是足球隊校隊的一員，恆常會訓練和出賽。校隊訓練和學校功課已佔據了他的全部時間。

　　志傑父母的管教模式屬於放任型，他們工作都十分忙碌，很晚才回家，有時甚至不回家。很多時候，一個月都未必有機會見面溝通。父母唯一可以做的便是滿足志傑物質上的需要。每天，他都會與家傭姐姐吃晚飯，這是他唯一可以與別人傾談的時間。周末父母多數不在香港，親子互動近乎零。

　　他太熱愛足球了，每天回家後第一時間會上網玩足球電競遊戲達八小時。他的成績因此一直退步，上課常常睡覺，就算不睡覺，都不能集中精神，故此成績遠遠落後其他同學。每當他早上起牀後感到沒有精神，有時會選擇逃學。就算他願意上學，往往過了午飯後才回到學校，慢慢成為例牌的「半日生」。他的曠課令他被學校記了幾個大過，父母也收到校方警告，若志傑的曠課情況不改善，便會知會教育局。

　　志傑一直渴望結交朋友，但他認為別人都看不起他，因為他的成績和品行都令人卻步。再者他只偶爾回校，同學與他的距離越來越遠。當他想追回學習進度時，卻不知道可以向哪位同學請教。相反，在網絡世界上，他可以認識很多「志同道合」的朋友。他覺得和他們一起很舒服，大家喜歡打機，一同合作組成電

競隊出賽。大家除了有共同興趣，還同病相憐，大家都被老師和父母責罵。因此，網絡世界便成為了他的避風港，而網友是他唯一的支持。

父母見志傑只顧沉迷上網，嘗試關了家中的互聯網連線，他便會情緒失控，瘋狂尖叫和大罵父母，甚至推翻書架上的玩具和課本。

同時志傑察覺自己的視力和頸椎開始出毛病，曾嘗試減少上網時間，但不到一個月又受不住誘惑，再次故態復萌，繼續長時間打機。

放長假時，他會把自己關在房內，兩三天不吃不喝，從早到晚，午夜到天亮，不間斷地沉迷於網上足球遊戲的世界中。有時，他甚至會裝病不上學，他的家庭醫生因為他日漸變差的身體而樂意為他寫請假信。根據家傭所述，他請病假的日子都會留在家中整天玩足球遊戲，早午晚會和香港的網友合作，深夜則和海外朋友組隊再戰。熟悉他的朋友說，他的電競生涯為他賺取了不少金錢，甚至有遊戲發展商打算高價邀請他當遊戲試玩員。這種種成功的誘惑着實令志傑「樂而忘返」。

志傑是今天香港無數學童的寫照！苦惱困倦的家長都表示束手無策！到底，是甚麼令孩子都變得「機不可失」、「機不離手」呢？

香港這個彈丸之地竟然是全球 Wi-Fi 熱點最密集的地方之一，根據通訊事務管理局 2016 年資料顯示，有 97% 的香港居民已接駁寬頻服務，而流動電話滲透率更高達 232%。香港

中文大學於 2018 年 3 至 5 月期間的研究發現，2,700 名十一歲至十五歲的學生之中有 49% 每日上網超過 3 小時，超過一成的被訪者更超過 7 小時。這種「機不可失」的趨勢已經令父母和老師都感到束手無策。

網絡世界的特性

我們的孩子生來就在這電子產品過盛的環境，隨時可拿出三、四件電子產品使用！無時無刻有上網連線服務供應，像自來水一樣，手一按便有水出了。過度的方便令孩子可以不假思索地任意使用！

如何教孩子恰當使用電子產品？如何避免青少年過分沉迷上網？父母和老師都要首先了解網絡世界的特性。

網絡世界與其他媒體例如電視、報章等都有相似的地方，大家都是大眾傳播媒介，包含資訊和娛樂的元素。以上三種傳體的性質都是中性的，本來沒有好與壞之分。使用媒體所達至的後果，完全視乎使用的人怎樣運用。電視可以播放正面勵志的節目，也可以播放暴力色情的節目。正如水的性質一樣，可以載舟，也能覆舟。而網絡世界有異於電視報紙和雜誌的獨特吸引之處，有以下幾點：

1　一呼百應

電視報章都是單向的傳播媒體，網絡則可以有互動元素。網絡在過去十多年間已經發展成熟，並鞏固成為一個大眾活

古頌一小朋友

動的社交場所。人們不但可以接收信息，也可以自由和免費發放信息，作互動溝通，例如分享圖片，互相問候，表達意見。溝通對象不只是數人或數十人，而是以數十萬甚至是數十億計算。網絡世界獨特之處是一呼百應，哪裏賣口罩，哪裏的東西比較便宜，哪家餐廳食物有水準、座位設計有品味……這種方便而擁有大量資訊的特性，漸漸取代了現實世界中很多面對面的互相交流。

2 變型超人

網絡世界最吸引人的是可以突破現實生活中的種種限制，去除傳統上的身分認同（identity），例如自己的身分、年齡和性別。有些人覺得這種「虛擬的我」甚至比起「真實的我」更有趣，他們可以重新塑造自己成為一個有各種能力和吸引力的「自己」。

這種現象的好處是自卑的人可以放低以往的包袱，重新包裝自己，弱者都可以化身超級英雄。其他大眾媒體沒有這種變身法的功能。相對其他媒體，簡直望塵莫及。

在虛擬世界中大家毋須面對面，可以減低社交上不必要的焦慮，所以宅男宅女都能夠樂在其中。正因如此不少人同時間進入不同的虛擬世界，他們會扮演不同角色，使用不同身分去跟別人溝通。有時是十八歲的美少女，有時是五十歲的大叔，這樣多重人格的角色扮演，慢慢成了一種分裂的性格。假的真不了，究竟哪些是真實，哪些是虛擬，自己都可能搞不清楚。這種角色扮演甚至慢慢成為一種習慣的培養，一種說謊話的習慣。

3 無所不在

無論身在何處，無論在任何時間，網絡的世界都不會停頓，而當中更充滿各種不同的感官元素，包括不同的影像和聲響的刺激等。這些特性都容易令人着迷，甚至沉迷。

上網的利弊

上網的利

網絡世界，除了是大眾娛樂和社交的平台外，更成為不少人尋找個人優點，發揮才華和能力的地方。他們毋須參加電視台的才藝節目，可以主動在網絡上表演唱歌、魔術、電競等。

有些人會因此得到唱片商和電影製片的垂青，創出個未來。

很多人擔心網絡世界會令人與人減少接觸，甚至造成人際間的疏離。但時至今日，我們不得不承認網絡在某程度上可以維持、拉近甚至擴闊人與人之間的關係。不少人藉着不同的社交平台，與不同地域、國籍的朋友接觸，有些人找回過去失散多年的同學朋友，重整現在的社交網絡，甚至建立新的社交圈子。

電競中的社交遊戲可以讓青少年在模擬角色中，與其他角色在線互動，學習新技能，在虛擬世界中工作和娛樂，並與其他角色形成複雜的關係。青少年可以在虛擬世界中經歷人生中不同的階段，進入模擬大學和職場，學習如何面對衝突，處理欺凌事件，認識男女朋友，學習接受分手的痛苦和生老病死的分離，彷彿預演人生。

除了建立社交圈子，網絡世界上也有很多好人好事，發報消息，廣傳各地，廣發善心。例如協助尋找離家的腦退化患者；救助和收養貓狗；呼籲救助水災火災；捐出身體器官；分享勵志故事；分享藏書豐富的電子書庫、周遊列國的實景地圖、學習興趣和技能的網址，甚至是各式網上學習平台等。

上網的弊

電子產品的螢幕太亮、太刺眼，長期使用會導致視網膜和黃斑區的損傷及病變，視力下降和色覺敏感度降低，這些都會對眼睛造成不可逆轉的損傷。儘管未有確鑿的證據證明手機輻射會導致腫瘤的形成，但其中的可能性仍然存在。

美國國家衞生研究院（National Institutes of Health, NIH）曾進行一項研究，以 4,500 名兒童做檢測對象，結果發現每天看電子螢幕兩小時的小朋友，他們的語文能力及邏輯能力較差。長期觀看電子螢幕會促使腦部釋放令人上癮的多巴胺，有可能令小朋友出現強迫行為，如停不了查看社交媒體更新。建議家長減少子女使用電子產品的時間，特別是不足兩歲大的幼兒更不應使用，可能會影響其腦部發展。

除了身體的潛在風險，網上欺凌可能是更令人憂慮的事。因為網絡使用者可以隱藏自己的身分，無形中降低了個人的責任感，自己覺得有趣的內容便隨便發放分享，捏造事實、詆毀別人經常出現。網絡世界是一個自由開放的世界，這亦意味着人們有更多機會接觸假新聞、陰謀論、錯誤的資訊和虛假的知識。香港青年協會於 2019 年 11 月訪問了 1,855 位中一至中六學生，近五成表示他們從不察覺網上的虛假資料，近三成則表示，不論真假都會分享及轉載。這種現象無形助長假資訊不斷出現和流傳。若個人沒有判斷能力，很容易被假資訊影響，不知不覺間建立了不正確的價值觀。

網絡成癮

綜合中外不同上網成癮（Internet addiction）的相關文獻，可定義為「因過度使用網絡而導致個人的困擾，以及學業、人際、家庭、工作等各方面功能損傷，即使這樣，也無法消除自己對於網絡的慾望與行為，且會投入越來越多時間」。

孩子為何會上網成癮呢？

孩子上網成癮原因甚為複雜。從心理角度看主要與精神壓力有關，他們為了逃避學業、家庭，以及社會所帶來的沉重壓力，覺得互聯網是一個理想地方，可以為他們提供一個舒適的世界，令他們逃避痛苦的現實世界，令他們紓緩多重壓力。

從生理角度看，上網成癮與其他成癮行為類似，重複這種行為時，腦內會釋出大量多巴胺和類鴉片，令人有種快樂的感覺。像吸毒和酒精一樣，這種快樂的感覺令人願意犧牲幾個甚至是十數個小時的睡眠，去「get high」。

從社會角度看，網絡世界上每個人都可以匿名甚至扮演不同角色，沒有人介意自己的真實身分，不需面對人羣，不用當面溝通，彷彿有一個保護膜保護自己。他們發覺在網上自己的主導權大增，自己可控制所有事物，可以決定幾時加入，幾時退出這個理想的世界。

人們若想名留天下，可以在連線遊戲或影視平台上大展所長。即使他們在現實中被遺棄，找不到滿足感，但在網絡世界上可以因某方面的技能備受尊重，成為別人的偶像，甚至成為萬人迷。只要跳入這個平衡宇宙，便可以逃避所有問題。虛擬世界有時比真實世界更真實，令人不願意離開。不少孩子分享，其實上網都有沉悶的時刻，只是找不到更好、更有趣的活動。他們覺得生活既然沒有目標，上網正好填補時間，不致於空虛。

人類，特別是年青人，都追求獨立，抗拒權威，希望能夠

古崇一小朋友

控制環境。而網上遊戲正好能讓他們創立自己的團隊，設計名字和分派崗位，享受凡事都由自己決定的感覺。此外，他們也喜歡在遊戲中竭力追求能力感，希望證明自己能力強，不喜歡別人輕看自己。網上遊戲正好能讓他們發揮個人專長，累積經驗，不斷升級，獲得現實生活不能得到的滿足感和好勝心。

　　沉迷的孩子還提到其他好處，包括享受網上遊戲的快速、真實性及互動性；得到朋輩的認同和友誼，例如網上遊戲需即時與戰友交換意見，透過合作，並肩作戰，一起勇闖目標。當他們覺得上網既可以紓緩多重壓力，又會有快樂、滿足的感覺，就會形成「一旦有壓力就上網」的習慣。

　　當孩子花越來越多時間上網，便一步步變得無法自制，現實生活上面對的困難亦日益增多，例如學業成績變差，與同學的差距越來越大，伴隨而來的精神壓力、挫折，又讓他

們往網上發洩，跌入上網成癮的惡性循環。

　　不少孩子表現出來的外在行為只是問題的冰山一角，正如冰山，外人可能只看到整體的八分之一，八分之七的困難仍在水面以下。當中包含個人的感受、觀點、期待、渴望及自我，亦包含不少孩子的內在困難及需要。

　　青少年為了逃避他們認為痛苦的現實世界，走到虛擬世界，既為了追求那種快樂的感覺，也自覺可以主導所有事物。既可以名留天下，也可以得到朋輩的認同，何樂而不為？

如何界定為上網成癮呢？

　　美國匹茲堡大學心理學家金柏莉・楊（Kimberly Young）認為，符合以下多於五個特徵已為上網成癮，患上了「上網成癮症」（Internet Addiction）。

1. 是否一心一意想着網絡上的一切，包括剛剛在上網發生的事情，接下來又會有甚麼事發生？

2. 是否覺得上網時間需要一次比一次久，才能滿足上網的需求？

3. 是否無法控制自己的上網時間，上網後就停不下來？

4. 當離線或不能上網時，會否覺得不安、易怒、沮喪或暴躁？

5. 留在網絡上的時間常較原來預估的久？

6. 是否曾因為上網令重要的人際關係、功課或工作陷入困境？

7. 是否曾對家人或醫生隱瞞自己對網絡涉入的程度？

　　美國匹茲堡大學依據成癮者使用網絡或電腦的各種目的，區分為五類：

1　網絡的性成癮

　　沉迷於瀏覽網絡的成人聊天室或網絡色情圖片。上網瀏覽、搜尋、下載色情圖片，甚至作色情交易。

2　網絡人際關係成癮

　　經常流連網絡聊天室，在網絡社羣建立特別的人際關係，甚至網絡戀情，取代了真實生活中的朋友和家人。在網絡上互訴心事，往往比真實世界更「甜蜜」和「完美」。因為網絡上，不用處理現實世界上很多煩惱和衝突。這種似真非真的網上情緣對青少年有一定的吸引力，但影響了他們在現實世界中與真實的人的真實溝通。

3　網絡強迫症

　　經常在網上賭博、股票交易或購物，養成強迫性的惡習。只要手指一按便有大量金錢交易，結果買了多餘的物品，輸了今天或今年的買餸錢、吃飯錢、乘車錢，甚或變得負債纍纍。關鍵總在於那有賭未為輸的心態，加上網絡交易確實太方便簡單，只要按一按就能做到，容易令人迷了心性，不能自控。

4 資訊缺乏恐慌症

因害怕吸收的資訊不足或不及別人快，而不停地在網絡漫遊或搜尋資訊。這些情況通常在學生或好奇心極大的人身上發生。他們越花時間去發掘，便找到越多資料，但時常覺得還有很多仍未找到，於是他們繼續花更多時間發掘下去，但越深入則覺得自己還有很多還未找到。

5 電腦成癮症

強迫性地不停玩電動遊戲，不斷找新遊戲，不能停止下來，或有能力的會沉迷於程式設計。

誰是高危一族呢？

高危一族包括有問題情緒的人，例如抑鬱症、躁鬱症、焦慮等。有些人可能合併其他成癮行為如酒癮、藥物成癮、強迫症、病態性賭博等。而有衝動控制障礙、過動或注意力缺損（ADHD）等疾患的，也有很大可能成為網絡成癮者。情緒商數（Emotional quotient）比較弱的人，或對自我概念不太確定的人都較容易網絡成癮。

沉溺上網的影響

從生理角度來看，沉溺上網行為對健康影響甚大，令神經功能嚴重失調，例如：頭痛、背痛、眼睛疲勞、食慾不振、

失眠、睡眠不足等，因而無暇完成功課或做其他活動，甚至令人缺乏上課動機，令成績退步。他們惟有透過網上羣組或遊戲去滿足他們的虛榮心或成就感。這種惡性循環令他們有較大機會曠課或輟學，甚至放棄學業。

從心理學角度來說，沉迷網絡的人是為了逃避現實問題。半個世紀前學生的逃避方法通常是長期瘋狂「煲」電視劇集，狂聽音樂等，不去處理壓力所在，但他們依然是以現實身分去做出逃避的行為。但在網絡世界則完全不同，他們除了可以逃避外，還可創造另一個自己，性格背景可以與真正的自己完全不同。新角色沒有個人情緒問題，包括壓力、焦慮、感情、抑鬱及急躁等。為了要建立新角色，他們就需要不斷留連在網上。當他們試圖減少使用時間，有可能出現「吊癮」症狀，譬如會坐立不安，感到憂鬱、消沉或暴躁等。當他們不能如願上網時，便會感到失落，直至可以再上網為止。

有些孩子可能性格較退縮、害羞、不擅社交、害怕與他人互動，便嘗試在網絡的虛擬世界尋求各種慰藉。不過也有可能因為長時間上網，變得更不願意與外界交往，行為孤僻，缺乏真實的社交活動，沒其他嗜好興趣，喪失正常的人際關係等。而電腦不會嘮叨，不會拒絕，不會罵人，他們便樂在其中。

成癮者通常會花大量時間在網絡中，因而可能忽略了身邊的人，如家人、伴侶及朋友等。與父母溝通時間減少，沒家庭生活，與家人的關係顯得疏離。成癮者忘形於虛擬世界之中，顛倒日夜，嚴重的例子可能會混淆虛擬與現實，影響道德、認知以及合理行為的判斷，甚或會神智不清，行為怪異，後果真的堪虞！

解救成癮有法

新一代父母面對孩子沉迷上網如同行在懸崖上的吊橋，左面是全面放任，右面是全面禁止，處於兩難之間。在這個驚險狀況下，父母可以怎樣做？

改善成癮六步曲

台灣心理學教授王智弘於 2009 年針對網絡成癮者提出六個改善的步驟：「覺」、「知」、「處」、「行」、「控」、「追」。

1. 「覺」—— 覺察病識感

   讓孩子知道超時上網所帶來的負面影響，需要改變他們的認知，令他們願意配合改善。

   嘗試說：「上網令成績變差，這表示你都認為需要改變，才會覺得煩？」

2. 「知」—— 認知潛在問題

   主動理解孩子的內心世界，明白他們有何缺乏和渴求。為何他們選擇在現實世界減少和家人朋友溝通，慢慢撤離到自己所創造的虛擬世界。

   嘗試說：「一方面你擔心沒朋友，另一方面你害怕別人的目光。你不知道怎麼辦，是這樣嗎？」

3. 「處」—— 處理潛在問題

   關心孩子沒有現實朋友的可能原因。

   嘗試說：「朋友約你打籃球，你是否為了打機所以推遲不去？」

「你在網上認識了不少朋友吧?能否約他們到家裏來?一起吃頓飯?可以約他們一起逛街嗎?」

4. 「行」—— 發展並執行改變計畫

老師可以發掘孩子的興趣和強項,例如邀請他們參加校隊,當小教練訓練低年級同學。鼓勵他們增加校內活動,減少打機,重拾以往的喜好。

5. 「控」—— 培養自我監控能力

讓孩子自行設定生活時間表,設定電腦自動關機,以便有更多時間去完成上網以外的其他目標。

6. 「追」—— 後續的觀察與追蹤

設定了目標便要觀察和記錄使用的方法是否有效,若效果欠佳,要改變方法或降低現時訂立的目標。

在「控」和「追」此兩個步驟,教師和父母都是極佳的支持者。

2F 和 3M

有時候孩子會把父母、老師或長輩的關心,解釋或演繹為責備和批評,故此成人要主動與孩子建立互信的關係。新一代父母和教師若不想困在兩難之間,便要強化家庭和學校的功能,與學校充分協作(參閱本書第八章〈拒絕上學〉),若能夠具備 2F 和 3M 的特質便十分理想。

> F:Friendly,友善
>
> F:Firm,嚴格

父母既要愛護和關心孩子，更重要的是要表現得像父母，適當時候要保持堅定、嚴格，而非只跟孩子扮演朋友角色。在現今只談大愛不談管教的親子模式中，着實值得父母反思。「表現得像父母」的意思是，父母要清楚和明確地向孩子指出他們的界線（boundary）在哪裏。在父母訂立的界線內，孩子有權利和自由去選擇他們喜歡的做法，但他們要承諾不能有越軌的行為。

父母之間對孩子上網的要求和限制要一致，最好一同訂立要求。否則孩子會懷疑父母的管治能力，覺得誰比誰更有決定權，繼而在父親與母親之間遊走，嘗試獲取更佳的得益，卻同時製造了夫妻的管教分歧。

3M──Modeling 典範、 Monitoring 監控、 Mentoring 監督

M：Modeling，典範

沒有父母希望孩子成為網絡成癮者，但是父母不要忘記，孩子會模仿成年人的行為作為學習方法。父母應該首先限制自己濫用手機和電子產品的情況，以身作則。

1. 開車時不用手機。等交通燈時不應只管趕發短信，可以主動在車內跟家人提出一些有趣的話題，一起分享談論。

2. 吃飯時不用手機。教導餐桌禮儀，不只享受食物，同時輕鬆地與家人面對面傾談。學習互相服侍和向家人表達關心。

3. 交談時不用手機。尊重家人，這是與人交談的基本禮貌教育。

4. 示範如何運用手機去找出有用的信息，與家人和朋友分享。

5. 示範如何運用手機去尋求別人的幫助。

6. 示範如何運用手機查找網上有用的支持羣組。

7. 尋找和討論網上專家的建議和家長指南。

M：Monitoring，監控

父母應如何監察未成年孩子的在線活動？以下有一些實用的經驗分享：

1. 當父母第一次安裝網絡服務時，應該與孩子訂定網絡使用的合理規則及安全意識，例如設密碼鎖，只有父母才有密碼。主要的電腦應放在家中的公共區域如大廳或父母房間，父母應學會網絡的相關權限與設定，須掌握網絡使用主導權。

2. 所有上網工具應該受到父母監察。

3. 了解孩子上網瀏覽的內容，父母有權檢查歷史文件夾，或考慮安裝過濾和監控軟件。

4. 考慮在晚上特定時間內關燈及關閉可上網的電子產品。或利用定時器或時間管理程式，使用兩小時後便切斷網絡連線，逐步降低孩子的上網時間，同時培養孩子對時間的敏感度，與自我的監控能力，最後達致和諧的生活。

父母和老師應與孩子共同訂立承諾，訂定有限的打機時間。父母可以嘗試用代幣制，讓孩子記錄一個星期的上網時間，若能夠自控和堅持，有進步便能換取獎

品。也可以建立健康生活契約，例如特定時間內關燈及關閉 wifi；製作桌面提示卡，由孩子書寫，貼於電腦桌上或當眼處。

父母和老師的一致性是實施限制的關鍵。當孩子知道會有甚麼期望時，他們更有可能遵守家長制定的限制。父母要堅持規則，記住此舉不只是為了控制孩子，同時正在努力釋放他們的心理依賴，學習對自己負責。

M：Mentoring，監督

不少父母覺得電子產品是偉大發明，無論孩子如何活躍，只要拿出手機，他們就會專注於屏幕上，乖乖坐着，不發出任何聲響。但是，好動活躍是孩子自然成長的一部分，鼓勵他們把時間花在運動、鍛鍊和喜好上，孩子成為網絡成癮者的可能性將自動降低。

1. 參與孩子的世界，陪伴孩子上網，篩選合適的網站。父母可教導他們分辨網絡世界與真實世界，也可幫助孩子建立事情的優次概念，組織合適健康的日常生活，例如去學校、家庭聚餐、做運動、去俱樂部或教會等。

2. 父母和老師可為孩子安排遊戲日，鼓勵他們與同伴共同設計一些需要面對面的社交活動，例如行山、釣魚、踏單車、拍照、燒烤、參觀展覽館、做義工等。父母可鼓勵孩子參加各類集體活動，分散注意力。

3. 教導孩子建立健康生活契約，訂立健康生活的要點，利用得失分析表令孩子明白減少打機時間能得到甚麼，把時間只投放在打機會失去甚麼。

4. 父母經常忙於工作，孩子因為缺乏家人陪伴，倍感寂寞。父母必須每日最少有 15 至 30 分鐘的親子時間，增進感情。

認知行為治療法

父母或老師可以使用以下幾個認知行為治療方法，嘗試針對性地幫助孩子處理經常機不離手的毛病。

1. 逆向操作法 (practicing the opposite)

例如孩子本來早上起牀後所做的第一件事便是查手機收發電郵或短信，之後才去洗面和吃早餐，可以嘗試改變此慣常次序，建議孩子先洗面和吃早餐再查看手機，減低對網絡的依賴。回到學校後，老師可鼓勵同學首先面對面與老師和同學打招呼，作不同形式的社交互動。

2. 外來停止器 (external stoppers)

以具體要做的事情或要去的地方作為提示，停止孩子繼續上網。例如必須在上午七時半前出門上學，可以倒過來計算上網時間。起牀梳洗和吃早餐後，可以由六時半開始上網，設定鬧鐘提前在 7 時 20 分響鬧，作為警告，提醒是時候要停止上網，準備出門，不可拖延。在學校裏，老師都要訂立學生在校的上網時間。

3. 設定時間限制（setting time limits）

避免上網時間無限延長，設定每日固定的上網時段，或設定上網幾小時後即不能再上網。其實，這是日常生活的原則，若每件事都有設定時間限制，生活會變得更有規律。

4. 列出事情的優先順序（setting task priorities）

因為上網時間有限制，應首先列出必須透過網絡處理事務的優先順序。

a. 哪些事是緊急、重要的：明天要交的功課和默書？

b. 哪些事是重要但不緊急的：預備期中試、做運動和社交活動？

c. 哪些事是緊急但不重要的：接聽突然致電的「無謂」電話。

d. 哪些事是不緊急和不重要的：上網打機。

5. 使用提示卡（reminder cards）

提示孩子在合理時間內使用互聯網，講解互聯網不僅可以用於玩遊戲或觀看短片，還可以增進知識、學習新事物和提升工作進度。在卡片上列出幾項因網絡成癮而造成的問題，和戒除網絡成癮的好處，然後貼在電腦旁，以便隨時提醒。

6. 個人活動行程表（personal inventory）

沉迷網絡世界的孩子經常會忘記或故意取消一些日常的戶外活動，像打籃球、逛街等，留家繼續上網。父母可以建議孩子寫下個人活動行程表，標明各活動的重要性，提醒孩子不要因為上網而忽略其他事情。同時記錄時間分配，了解時間使用的去向。

7. 訂立作息時間表

不要試圖讓孩子完全遠離或隔絕使用互聯網。當今世代，互聯網在各方面都是不能缺少的。如果父母將互聯網定性為「禁止使用」，孩子將來在社會和工作上很難適應。與孩子共同訂立以做功課為優先，完成功課後才可打機，越早完成，打機時間可以越長，然後慢慢逐步減少打機時間，才是更理想的做法。

父母若已確定孩子有沉溺上網的問題，第一步是提升他們的病識感，協助孩子明白自己已過度使用了。要讓孩子知道沉溺上網所帶來的負面影響，這才是改善的最重要關鍵。可與子女一起討論身處的改變階段及對應的處理方法，例如改善成癮六步曲、2F、3M 和各種認知治療法。父母需要花時間思考需要解說的內容和語氣態度，為孩子的情緒反應作好準備。沉迷上網的孩子會因被遏制使用電腦的時間而感到受威脅。父母要先承認和理解他們的感受，慢慢定下解決方法，目標是要解決問題而非製造其他問題，要避免因此而與子女衝突。

網絡成癮的行為只是冰山的一角，
水面以下包含了個人的感受、觀點、期待、渴望及自我，
亦包含不少內在困難及需要。
我們既要處理青少年的行為，
也要明白他們的需要。

1954 年美國前總統艾森豪威爾（Dwight David Eisenhower）曾說：「我有兩種任務：緊急的或是重要的。緊急的不重要，重要的不緊急。」正是這句話創造了艾森豪威爾矩陣（Eisenhower Matrix）。此方法按事情的緊急程度和重要性去組織成優先次序，然後按序完成任務。

	緊急	不緊急
重要	盡快完成	安排決定
不重要	委派他人	取消

在有效地確定待辦事項列表上所有任務的優先之前，需要：

步驟 1：全面了解每個任務

如何執行？需時多久？

步驟 2：為每個任務排序

緊急的或需要大量時間才能完成的重要任務，應排在較高的位置

步驟 3：定下完成日期

客觀地決定每項任務將花費多長時間，定下完成日期，盡量一個星期內完成，不容許讓拖延成為習慣

思考課題

1. 孩子每天用多少小時上網？

   _____

   _____

2. 上網是為了甚麼？

   _____

   _____

3. 父母自己每天用多少小時上網？

   _____

   _____

4. 上網是為了甚麼？

   _____

   _____

5. 從今天開始，我如何可以成為孩子的模仿對象？

   _____

   _____

6. 我與孩子訂立今年任務的優先次序如下：
   • 緊急而重要的事：_____
   • 重要而不緊急的事：_____
   • 緊急而不重要的事：_____
   • 不緊急又不重要的事：_____

參考書目

Brown, K. W., & Ryan, R. M. (2004). Fostering healthy self-regulation from within and without: A self-determination theory perspective. In P. Linley & S. Joseph, (Eds.), Positive *Psychology in Practice* (pp. 105-124). Hoboken, NJ: Wiley.

Harris, R. (2007). *The Happiness Trap: How to Stop Struggling and Start Living*. Trumpeter Press.

Hayes, S.C. & Smith, S.X. (2005). *Get Out of Your Mind & Into Your Life: The New Acceptance & Commitment Therapy*. USA: New Harbinger Publications.

Hayes, Steven C., Strosahl, Kirk D., and Wilson, Kelly G. (2012). Acceptance and Commitment Therapy: The Process and Practice of Mindful Change (2nd ed.). New York: Guilford Press. p.240.

Kenchappanavar, R. N. (2012). Relationship between Inferiority complex and Frustration in Adolescents. *Journal of Humanities and Social Science*, Volume 2, Issue 2(Sep-Oct. 2012), pp.01-05.

Low, C. A., Stanton, A. L., & Bower, J. E. (2008). Effects of acceptance-oriented versus evaluative emotional processing on heart rate recovery and habituation. *Emotion*, 8(3), pp.419-424.

McCracken, L., Gauntlett-Gilbert, J., & Vowles, K. (2006). The role of mindfulness in a contextual cognitive-behavioral analysis of chronic pain-related suffering and disability. *Pain*, 131, pp.63-69.

McCracken, L., Vowles, K., & Eccleston, C. (2005). Acceptance-based treatment for persons with complex, long standing chronic pain: a preliminary analysis of treatment outcome in comparison to a waiting phase. *Behaviour Research and Therapy*, 43, pp.1335-1346.

Reivich, K., & Shatte, A. (2002). *The resilience factor: 7 keys to finding your inner strength and overcoming life's hurdles*. New York: Broadway Books.

Shallcross, A. J., Ford, B. Q., Floerke, V. A., Mauss, I. B. (2013). Getting better with age: the relationship between age, acceptance, and negative affect. *Journal of Personality and Social Psychology*, 104(4):pp.734-749.

Sheldon, K.M. & Elliot, A.J. (1999). Goal striving, need satisfaction and longitudinal well-being: the self-concordance model. *Journal of Personality and Social Psychology*, 76(3), pp.482-497.

Shpancer, N. Emotional Acceptance: Why Feeling Bad is Good. *Psychology Today*. September, 2010.

圖畫提供

頁 103　　　　　余祖堂，輕度智障與自閉青年
頁 107　　　　　古頌一，9 歲。Youtube: Dj David & Jr Yosef
頁 112　　　　　古崇一，8 歲。Youtube: Dj David & Jr Yosef
頁 124、125　　鄺司睿，青年女子，自小診斷智力障礙與自閉症

第六章

非典型被排擠的青少年

楚楚可憐的純子步進心理學家的辦公室時，她的臉龐一片愁雲，不用說甚麼已經知道她受了很多委屈，極度不快樂。同樣，她的步履也在告訴我們她的累和厭倦。她的故事又是怎樣的呢？

話說她是學校羽毛球隊資深隊員，但是經常遭其他隊友排擠。她感到被孤立，好像隊友都很討厭她那樣。他們逃避與她合作，他們不肯與她雙打，他們有全球隊的羣組，純子漸漸發現，很多時好像所有其他人的對話和溝通很難明白，沒頭沒腦的，源於有些資訊她根本不知道。當她詢問較容易接近的隊友澄韻大家在說甚麼時，她隨便叫純子自己讀信息，說全部都在信息裏啊！純子回家把手機信息全部翻看了一遍又一遍，就是沒有啊。他們之前所說的，完全無人提及過！最後，她尋找機會再向澄韻求證。純子想到一個辦法，排練時跟澄韻說自己沒有帶手機，請她讀信息時，給她看一看有甚麼更新。澄韻在沒有防備和機心的情況下，便把手機交給純子看。赫然，純子的手也震顫起來，原來球隊有另一個羣組，並且命名「球隊無純」。難怪球隊那麼多事情，純子都蒙在鼓裏。有時候，她甚至被隊友「屈」她遲到，又說早已通知了更改時間。她一直不以為然，但恍然大悟的時候已被隊友為所欲為了好一陣子！

純子感到極度委屈，她淚流滿面，大顆大顆的淚珠滾落口罩，一小時都沒有停止過。

心理學家把澄韻邀請過來談談，嘗試了解更多關於隊友排擠她的行動和原因。澄韻十分爽朗，口直

心快，很快她便告訴心理學家純子不受歡迎的種種原因：包括「低 B 女」、「扮野」、「口臭」、「溝仔精」。

　　純子外表單純，斯文中帶點粗毫，沒有太多打扮，沒見她沾脂粉，卻深受男孩子喜歡。黏着她的男孩子不下數個，有自己班的，也有高年級中六的，隊友自然「睇唔過眼」，稱她「溝仔精」。「口臭」因她説話率直，不會掩飾，那些男孩較少介懷説話上的得失，有些女孩們則會更計量言語，斤斤計較，鬧翻的情況便自然頻繁，互相指罵的場景增多，日漸破壞關係。當她受委屈，又不知所以，只懂啼哭發洩，惹來「低 B 女」之稱。對於純子來說，簡直是動輒得咎！

*　　　　*　　　　*

　　琛兒十三歲，是校內其中一名不受歡迎的女生。她從不喜歡遵守秩序，最喜歡排隊打尖。她喜歡亂搶別人的東西，同學的零食、文具也無一倖免。小時候琛兒還喜歡在別人家中的梳化亂跳，她為甚麼會這樣？因父母從不阻止她的行為。在日常生活中，父母與朋友吃飯時，從不主動結賬。他們還説這樣做才不會吃虧。

*　　　　*　　　　*

　　軒仔十四歲，身材瘦弱，衣襪常發出異味。因為他身材比較弱小，所以便成為同學欺凌的對象。

　　小息時，同學都喜歡一起玩，軒仔卻不喜歡。他總是喜歡自己一個人。就算有機會和同學一起玩，每當他輸了便會大發脾氣，嚷着説不玩了。久而久之，他這種「輸不起」的性格，令朋友都不願意和他玩了。

> 軒仔小息時總愛黏着老師，因為這樣便可以從老師身上找到安全感。在集體分組做功課時，他會主動爭着完成輕鬆的部分；到交功課時，他總是諸般理由解釋為何未能完成他那一部分，他總會說：「如果你們不想整份功課低分，便快些合力幫我做。」

純子、琛兒和軒仔在學校都分別因為種種行為和不同的性格問題而被孤立，更被同學認定為不受歡迎甚至是被排擠的對象。他們的共通之處是沒有自知之明。他們都感到極度痛苦，在無法改變事實的同時，還搖尾乞憐，希望被朋輩接納和認同。

被排擠的青少年會變蠢？

被排擠會降低青少年的智商分數。最新的科學研究針對曾有受排擠經歷的人，測試他們的身體反應及影響。其中一項發現受測者首先回憶最近被拒絕、被排擠的經歷，然後進行智商測驗，發現得分會減低了，因為當中的短期記憶測試和決策測驗得分降低了。確實，當我們盤繞在痛苦的被排擠經歷中，要做到清楚地思考絕不容易。

有研究運用磁力共振影像測試當人被排擠時大腦會出現甚麼反應，結果顯示大腦操控疼痛的區域會被激活。即是說，當我們經歷被排擠時與身體受傷時產生的疼痛一樣。另一項研究測試被排擠的身體反應，服用了止痛丸（泰諾）的參加者，在要求回憶被排擠的經歷時，情緒和痛苦與只服用了糖

作代替品的受試者相比明顯較輕。

　　被排擠的痛苦一般比肉體的痛楚難忘記。我們可以重溫在社交上的經歷，回憶曾經被排擠而產生的感受時，大腦網絡會發出反應：「嗯」，這時便會感覺到身體上的痛。但是，肉體的疼痛，僅憑記憶是不能引起身體上的痛的。

　　無數研究表明，即使是輕微的拒絕，也可能觸發報復的心理，繼而對該人，甚至對無辜者或旁觀者發動侵略。美國很多學校槍擊事件就是明顯例子。

　　被排擠的青少年會失去理性。有實驗證明當參加者遭到一羣受操縱的「陌生人」拒絕後，無論研究人員怎樣解釋「陌生人」的角色，實際上並沒有拒絕他們，那並沒有減輕參與者的情感痛苦或傷害感。

典型被排擠的青少年

　　過去三、四十年的研究發現，一般來說，典型被排擠的孩子可以分為兩大類：第一類有霸道的行為。霸道的孩子表現出侵略傾向甚至侵略行為，他們引起同輩不喜歡和排斥他。第二類有退縮的行為。他們被評為不合作，社交能力較差，與人相處困難。但是，就特徵而言，霸道的孩子的負面評價沒有消極和退縮的孩子的那麼低。

　　典型被排擠的孩子具有較少受歡迎的特徵，例如物理吸引力、風格、運動能力和幽默感。他們也被評為社交能力較弱，處於低社經地位的狀態，容易被排斥在羣體活動外。

男女有別

　　被排擠、被孤立或被拒絕的經驗會對孩子造成極大的痛苦。很多時候我們真的弄不清為甚麼有些孩子會被拒絕。根據研究，大約一半被拒絕的男孩都傾向好勇鬥狠，他們比一般男孩會做較多攻擊性動作，例如打人或者踢人，還會喜歡爭論，相當有破壞性。

　　但是，並非所有被排擠的男孩都是好勇鬥狠的，大約有 13 至 20% 的男孩比較害羞甚至退縮，還有一些害怕與人接觸，在社交上很害怕尷尬。對同齡的孩子來說，他們看來奇怪或不成熟的行為，都令人感到十分厭惡。意想不到的是女孩有時比男孩更具攻擊性。不受歡迎的女孩傾向於專橫、霸道、消極和情緒化，愛談論違規的事，也較缺乏解決衝突的技能。

　　儘管負面行為顯然是被排擠的導火線，但有時反之亦然，被拒絕、被排擠會導致孩子把自己最壞的一面曝露出來，惡性循環，最糟糕的情況就會引致更多拒絕和排擠的情況出現。

森馬（陳嘉誠老師）

非典型被排擠的青少年

常聽到父母很擔心地說：「我的囝囝樣貌不錯，我們家境也不錯，但偏偏他在學校不受同學歡迎，真的拿他沒辦法。」

有些青少年既沒有攻擊性的霸道行為，也沒有害羞的退縮表現，但他們同樣不被接納，被拒諸門外，為甚麼？究其原因，皆因反社會行為，與同輩的主流行為有偏差。

1　情商零蛋

甚麼是情商零蛋的行為呢？

「你地有無帶個腦返學呀！？」

「玩遊戲梗係玩角色扮演遊戲先夠刺激啦！！」

「你們玩的簡直唔入流。」

有時，我們會聽到一些孩子在嘲笑其他同學，只因為他們認為自己在某方面比別人強，甚至有時他們會目中無人，固執己見，他們認為自己的想法是最好的。他們看不起別人，也不能容忍別人有不同的意見，他們認為自己是最完美的，全世界都要圍着他們轉。遇到不同的見解，他們會用盡方法打擊對方，他們為了要勝出，有時控制不了自己的情緒，甚至大吵大鬧。就算明知沒有充足的理據，他們也要力爭己見，令自己和別人都下不了台，最後，朋友亦一個一個離他而去。

2 扮小丑

　　人人都喜歡逗人喜愛與給人帶來歡樂感，讓人覺得自己是個有趣的人。然而，當笑話得不到預期的理解時，便會有點「落空」，自然不好笑了。說不好笑的笑話，又要求別人聽他說，當然會令人覺得很煩，甚至說他在扮小丑。

　　在社交圈子內掙扎的孩子，都應該很少能夠掌握幽默的精妙之處，倒不如嘗試表現自己友善的一面，而不是要強迫自己顯得有趣。父母可以幫助孩子集思廣益，嘗試在學校做些好事或善舉，例如參加義務工作。但是，千萬不要直接捐錢或派發禮物，同學可能會接受禮物，但他們會更加不尊重你的孩子，捐錢或會引起更多負面話柄，卻不能為孩子買到真正的友誼。

3 叫不停

　　社交不能犯的錯，是漠視他人的反應。

　　我們要了解社交的不明文信號，並意識到需要在甚麼時候停止某行為。在社交方面掙扎的孩子通常會忽略他人的反應，他們堅持繼續做出一些不受歡迎的行為。就像個案，琛兒喜歡在別人家中的梳化亂跳，對於人家面有難色也無動於衷，真是沒有她辦法。她排隊打尖和亂搶別人的東西吃，同學仔肯定「唱」她或黑面表示不滿，但她依然故我，這樣下去，有誰會喜歡接近她呢？其實，琛兒的父母當時應在可行範圍嚴厲制止她，並向她講解清楚為甚麼不可以這樣做。有時當孩子在公共場所例如巴士上大聲喧嘩，又或是在走廊亂蹦亂跳，

影響到其他住戶時，也應嚴厲制止。孩子要學懂不打擾別人，一個不懂為他人着想的人，是孤獨的，是沒有人願意成為他的朋友的。又如純子，她總是談她的「男朋友經」，沒有男朋友的聽眾都聽到厭煩，她的朋友失去興趣很久之後，嘗試討論其他話題時，純子又說回自己的男朋友去，繼續講同一個話題。在眾人要求停下來之後，她會不斷講粗口，講難聽的話，真令人生氣。

我們需要幫助孩子學習識別和理解別人的感受和別人發出的「停止」信號。這些包括非語言行為，例如視線，或「你很煩人！」這樣的態度，甚至真的走開！學習看看別人的表情，他是高興還是害怕？他有否表現出煩躁呢？

查看孩子是否可以識別別人發出的「停止信號」。孩子需要在經驗中慢慢學懂這些社交線索，你可能還需要幫助孩子制定停止計劃。這可能涉及真的走開，或者說出：「好吧，我們停止了。」、「那好，不再做了。」、「行了，夠了！」，或問「那你喜歡怎樣？」或者「你想做甚麼？我們一起做。」

4　輸唔起

「唔公平啊！」

「無理由我會輸嘅！」

「我從未輸過喎！」

有時我們會聽到一些孩子在咆哮，只因為在遊戲中輸了。

對於小學生、初中生，尤其是男孩子來說，玩遊戲、踢波等都是社交互動的重要組成部分。在社交關係上掙扎的孩

子通常很難接受和面對得失，還有應付隨着輸贏而來的後果。如果他們發現競賽的形勢不順利，可能會以爭吵、作弊、推撞方式表達不滿，或變得非常沮喪。這些舉動會破壞了整個競賽，也剝奪了其他孩子的樂趣。

努力奮鬥原本是值得欣賞的行為，但有部分的孩子可能在家中受到親友過分寵愛，只會讚賞，未嘗失敗。於是，在學校與其他同學遊戲時，第一次發現自己會輸，便完全接受不了，情緒可能失控，甚至爆發極大的脾氣。這種行為可能令其他同學望而卻步，以後不敢再與他玩。他不但失去朋友，也失去了培養抗逆能力的機會。

如果你的孩子在這方面掙扎，則可能要增強孩子對在家中變成輸家的承受能力。可以先從合作遊戲或以類似「打破自己記錄」的競賽開始，然後逐步從簡單和短時間的，延至較長時間的競爭遊戲。向孩子強調輸贏是暫時的，我們並非總是能贏得比賽，但是我們總是可以通過跟同伴遊樂來贏得樂趣。

5　無間臥底

甚麼是無間臥底的行為呢？無間臥底的孩子，樂於成為老師跟班，最愛說：「你同我收聲！」、「你再講嘢我話畀老師聽！」

他是班中的顧問班長。甚麼是顧問班長？因為當他做班長時，連老師也都忍受不了他拿着雞毛當令箭的行為，但又不想逼他下台，只好升他做顧問班長。當他是班長時，他總是要這樣令其他同學覺得不是味兒。再者，他會經常向老師

打小報告，即使老師沒有要求他這樣做，但他總樂此不疲。他的行為不但令班中出現撕裂的現象，亦令老師和同學都對他敬而遠之。

6 吹牛

在社交關係掙扎的孩子有時會認為，只要令同伴對自己留下深刻的印象，便可像磁石吸鐵，或花蜜招引蜜蜂一樣吸引很多朋友。事實卻剛剛相反，吹牛令其他孩子對他們嗤之以鼻，敬而遠之。純子曾經向同學提及她的姨媽，居住環境非常優美，也有多餘的房間，純子經常在週末住在她的家裏，有機會吃好東西，有泳池游水，有網球場打網球，十分開心。竟然，她原來向其他同學吹噓，說自己的家在那裏！同學都知道她的生活和用錢情況，肯定她不是居住在那裏，於是給她添了「吹牛女王」的外號，而且，抨擊她的誠信。我們有責任教導孩子應嘗試尋求與其他年輕人的共通之處，而不是試圖「出奇制勝」，以類似的謊話「打動」同學。對其他孩子來說，純子的話只意味着「我比你優勝」！

我們可讓孩子知道，通過一起面對或做一件事，會結交到朋友。在這共事的過程中，孩子會察覺自己被其他跟自己相似的孩子吸引。幫助孩子尋找機會，或甚至創造與伙伴共同做事的環境，例如參加義務工作，到老人院派餐，送水果；去愛護動物協會幫忙照顧和清潔遭人拋棄的貓狗；報名參加一些實用的訓練例如急救課程或其他課餘活動；邀請年齡接近、志趣相投的人一同參加有趣的活動例如行山、郊遊、打

保齡球、看電影、打機等。作為老師的，則可憑觀察或提問，識別同學的共同興趣，為孩子製造結交朋友的機會。

我們並沒有魔法，也不希望給了孩子不真實的期望。要給孩子一點警告：聲譽和形象一旦損壞，打擊沉痛，不容易翻身。因此縱使孩子得到幫助，學習避免令人反感的行為，那非魔法，不會立即得到同輩的接納。要改變其他人的想法和行為談何容易！但這是必須要學習的，亦是朝正確的人倫和社交方向邁出的第一步。

「需求層次」 —— 被孤立的背後

青少年認同和接納的需求

人類的本性都希望得到別人的認同和接納，這是人類需求的其中一種。借亞伯拉罕‧馬斯洛（Abraham Maslow）於 1943 年發表的《人類動機的理論》（*A Theory of Human Motivation*）中，關於人類的「需求層次」來拆解被同學認定為不受歡迎的孩子的苦毒之處。亞伯拉罕‧馬斯洛把人類的需求分成七個層次，由最基本的開始：生理需求、安全需求、社交需求、尊重需求和自我實現需求，次序由底層到金字塔頂。

生活上的基要

　　生活上的基要包括食物、水、空氣、住屋和服飾、個人和環境衞生等，這些都是父母對子女應該承擔的責任和義務。不要看輕這最低層次的需求，因為若這等最低需求未能得到滿足，則無論更高的層次多麼吸引，都不會令人引起很大的興趣，渴望追求。個案中的軒仔，身體十分瘦弱，加上會傳出異味的衣襪，其他同學都對他「敬而遠之」，令他心理上產生退縮，不敢靠近同學，也再無興趣追求金字塔的其他層次了。

裙腳的安全感

　　安全需求包括人身安 全和安定的生活。人類是眾多生物中其中一種在出生後不能照顧自己的物種。若孩子周圍的環

境未能令他們覺得安全，他們可能會覺得這個世界是危險的。另外不安定的生活也令人產生不安感。個案中的軒仔在學校被同學排擠，開始變得不相信這個社會，變得不敢表現自己，不敢投入社交生活。因為他認為社交是危險的，而出盡方法來保護自身安全。相反，當人類在生理需求、安全需求得到滿足後，他們便會追求更高的層次，例如：社交需求和尊重需求。軒仔選擇黏着老師，因為老師可以給他安全感。

愛和被愛

與世隔絕的生活，只有在夢幻裏，羅曼蒂克地發生，或者是詩人拿着他昇華了的世界觀而發揮的無慾無求的境界；明顯不會是有血有肉要落實生活的年青人的吶喊。

琛兒和純子都希望得到別人的愛，和可以愛別人，她們需要的正是社交需求。這不只是一種社交上的需求，同時是一種感情上的需要。要達到這個目的，需要穩定的關係和與別人的相互溝通。這一層次主要是與別人的關係得到融洽發展，包括對朋輩關係的需要。純子甚至擴展到男女的愛去。

這一層次還包括歸屬的需要，人都希望歸屬於一個羣體，互相照顧和關心，更希望感覺到自己是社會中的一分子。很不幸琛兒得不到同學的認同和接納，沒有機會成為任何同學羣體的成員。純子雖然屬於球隊，但她的脾氣和性格不但得不到隊友的認同和接納，相反受到戲弄和排擠。她不但培養不到歸屬感，更失去了朋輩的照顧和關心。年輕人失去愛和被愛的機會時，為了證明自己在社會的存在和價值，年青人

可能會積極地努力讀書，或長時間躲在家中瘋狂上網，從而在這世界的另一角落 —— 網絡世界得到注意。

失去的尊重

任何人都希望得到他人的尊重，包括得到別人的關注、承認、欣賞等，從而建立健康的自我價值觀包括自信、獨立和自由。

個案中每一個年青人都希望別人能按照他們的實際形象來接受他們，也按照他們的能力和才智來賞識他們。他們不僅贏得了其他人的尊重，同時其內心對自己充滿自信。可惜琛兒和純子都因為不守規矩或錯誤表達情緒，而失去了被人欣賞和尊重的機會。

失落的自我

自我實現需求是最高層次的需求，代表能夠充分發揮自己的潛能，包括對知識的追求、美的欣賞、善的實踐和創造力的發揮等等。缺乏自我實現需求的人覺得自己的生活被空虛感給推動着，正如琛兒和軒仔因為長期得不到正確的指導，從未想到要為他人設想，腦子裏想到的，是他們經常看見的榜樣，只是如何從別人身上得到益處。

鎂光燈下的青少年

「鎂光燈效應」(Spotlight effect) 指我們往往高估了自己受關注的程度，總是覺得全世界都把眼光聚焦在自己的身上，也包括所有的言行舉止和衣着服飾。這現象在青少年階段尤甚，因此，青春少艾的衣着行為都往往要出奇制勝，以為自己登上了舞台，有如明星一樣受注目。

曾經於香港哄動一時的蘿莉塔 (Lolita) 潮流是一個很好的例子。作者曾接受記者訪問過此潮流的一些心理層面的觀察和分析，刊於報章雜誌特輯。蘿莉塔其實是故事中的公主，出於俄羅斯裔美國作家，於 1955 年出版於法國的小說。一身華麗的維多利亞時期服裝，加上哥德式風格，先在日本形成震撼一時的次文化潮流。在 90 年代中末期風潮吹到香港，不少少女穿着一身黑色及膝裙，加上紗底裙或泡褲，以玫瑰和皇冠圖案標誌裝飾，鞋子往往用緞帶兒童鞋或長靴。少男則戴英國紳士帽或一身海軍軍官服飾。那麼樣一身奇裝異服，當年，巴士上，地鐵車廂內都可遇見。對於他們與環境和功能脫節的打扮，他們完全不會因鶴立雞羣而感到不自在，相反，他們享受旁人注目，享受惹來艷羨目光。還有，他們於同輩間還有十分強烈的認同感和凝聚力。

渴求認同感

青少年需要甚麼？正正是這點點的認同感和凝聚力。不論要與他們談甚麼都好，倘若我們不先給他們認同，姑勿論

是行為或態度，還是價值觀，他們都已經把你踢出局了，就如他們所說：「無計傾！」

那麼，怎樣解釋「鎂光燈效應」的心理呢？基本上，這是自我中心主義的結果或產品。所有人都會以自己作為宇宙的中心，這並不是說我們比其他人傲慢或重視自己。相反，我們基本是從自己的經驗和觀點出發的，青少年也不例外，他們利用這些經驗來評估周圍的世界，包括其他人和事。但是其他人不僅不了解純子的眼淚，而且他們各人都是自己宇宙的中心，因此他們也同時在專注於其他事物，像琛兒的霸道行為和軒仔的一味要贏！

幼稚的現實主義和偏見構成的盲點也促成此現象。例如，我們普遍都不會認為自己有偏見，還傾向於假設自己所關注的，都是準確和客觀的。因為這盲點，青少年經常認為其他人都同樣應該注意他們所關注的事物，他的想法就應該是全世界的想法，不會嘗試從其他人的角度看事情。很多家庭衝突和矛盾都因而「無緣無故」地發生。

綜合起來，這會造成一種現象：

青少年大多借用自己的經歷和想法，來評估他人的思想和行為；還會高估了其他人與自己的看法的一致性和準確性。

結果，青少年往往認為別人能夠痛他們所痛，能同樣理解他們所理解的。

糟糕的是，事實並非如此！

理由呢？青少年的經歷有限，見過的、聽到的、明白的都有限。以有限的經驗和所得的見解來評估他人的思想和行為，實在會有十分大的誤差。有誤差不等於錯誤，而是用了

不同角度和理念來分析和評估問題。琛兒從小的家庭經驗教導她不要吃虧，於是她在僅有的社交經驗裏應用出來，沒有從同學的角度出發，沒有意識到別人的情緒反應，只知道自己做了「恰當」的事，還怪責其他人對她不禮貌和不友善。

被排擠的青少年成長上的缺失？

孩子參加社交活動時，他們有機會學習很多不同的社交技能，例如如何與其他孩子協商，如何作決定等。所以當孩子因為討人厭而不受歡迎，失去了參與活動的機會時，他們也失去了建立這些技能的機會。很不辛，這些需要在實際生活中學習，而非從學校或書本可以完全學懂的技能。

無論個案中的純子、琛兒和軒仔不被朋輩接納的原因是甚麼，這種被拒絕的經驗可能導致他們有一些不利的心理後果，包括低自尊，失去歸屬感，缺乏學習動機，甚至有侵略和暴力行為等。不難發現有些拒學的學生（參閱本書第八章〈拒絕上學〉），除了因為成績不好，也有不少是同時有社交上的問題。若果孩子或學生被別人拒絕，請不要太過反應過敏，也不要試圖介入。這種方法不只無效，甚至可能令事情變得更糟，增加了孩子與別人的疏離感。

1　世界觀的重建

孩子不受歡迎的主要原因不是因為智力或創造力不及人，而是我們都忽略了建立孩子的道德價值觀，包括善良和

幫助別人。我們要幫助孩子培養正確的人生觀和善良的性格，才是解決問題的根本。

主動幫助別人是最受別人歡迎的。可以先教導孩子了解別人的需要，並在對方要求之前主動提供幫助。例如看見同學沒有帶文具便主動借出。

是非對錯的觀念需要慢慢累積而成。我們可以設計一些恆常活動，例如請孩子每天寫下一種善意的行為，這樣不但可以幫助孩子慢慢建立自尊，也可以慢慢累積是非對錯的觀念。父母老師也可以重點讚揚孩子正面的社交行為，例如孩子肯與人分享玩具，又或是見到朋友需要幫忙，能夠毫不考慮地施以援手。與其說「做得好」，不如說「你肯與人分享，是因為你想幫助其他有需要的人，你做得好」。善良往往會激發起別人的良善，這是建立友誼的最好方式之一。

2 人生觀的樹立

學懂接受失敗是成長中的一個重要課題。有些父母對孩子千依百順，遊戲時刻意讓他取勝，這樣子他們便不懂得失敗這門功課，他們的抗逆能力會相對十分低。玩遊戲是社交互動的重要部分，過度遷就孩子往往令他們難以接受失敗。他們可能會不服輸。要跟孩子解釋：「我們不能總是贏的，都會有輸的時候。我們若能接受失敗，便能『贏得樂趣』，『贏得體育精神』」。

3　實行反自我中心主義

　　當你正在處理一個任務時，嘗試用電郵向從未處理過相關任務的人解釋你的處理方法，以測試你接受他人觀點的能力。在發送電郵之前，請仔細閱讀郵件內容，確保沒有跳過只有自己才知道的細節，讓對方能充分理解你的意思。又或者，在朋友的羣組中嘗試加入新成員，你的任務就是解釋你們之間的笑話和歷史，因為新成員不知道啊。這樣持續不斷練習觀察和察覺其他人的角度，與自我中心逆向而行！

　　總括而言，典型被拒絕的孩子有兩大類：第一類是有霸道的行為，第二類是有退縮的行為。霸道的行為包括任性、固執、「不服輸」、愛炫耀，「拿着雞毛當令箭」和貪小便宜等。退縮的行為包括：孤僻、自私、冷漠等。非典型被拒絕的孩子皆因反社會行為或與主流同輩的行為有偏差：包括無間臥底、叫不停、扮小丑、情商零蛋、輸唔起、愛吹牛等。

　　不論是典型或非典型被排擠、被拒絕的孩子，這種被拒絕的負面經驗可能導致一些不健康的心理後果，如低自尊，失去歸屬感，缺乏學習動機，甚至會作出侵略和暴力行為等。父母和老師要嘗試建立孩子正確的價值觀，教導他們接受失敗，並且從社交訓練中學懂辨識別人的「眉頭眼額」，也試試教導他們解決衝突的方法。長遠來説，孩子要建立自己的世界觀、人生觀和實行反自我中心主義，這樣才能吸引別人成為他們的朋友，以免被排擠！

21世紀的青少年要準備好面對世界：

建立自己的世界觀、人生觀，

在人生交叉點，

更要與自我中心逆向而行。

情緒錦囊

冰凍三尺，非一日之寒。青少年被朋輩排擠，不是一朝一夕形成的。需要找出問題的根源，我們才能夠對症下藥。

典型與非典型被排擠的青少年皆有以下一種或多種特徵：

1 霸道行為
2 退縮行為
3 性情偏差
4 行為偏差

青少年被排擠，除身心靈受創，還影響深遠：

1 會降低智商
2 會失去理性，變得衝動
3 心理受創的痛楚比肉體的更難忘記

緊記，青少年在經歷特別的成長上的需要，各種獨特嶄新的挑戰，同時與其他人一樣有「需求層次」。在處理青少年問題或疑難時，首先檢視一下他們這些需要是否已經被滿足了。繼而，想想有沒有一些孩子自幼已根深蒂固的、不經不覺發展了出來，又沒有處理過的偏差情緒或行為呢？是時候處理了。「鎂光燈效應」會令人感到滿足，有時我們不妨容許自己和孩子一起給鎂光燈照一照，開心一下？

思考課題

1. 為甚麼個案中的琛兒、軒仔和純子都不受別人歡迎？

   a. _____

   b. _____

   c. _____

   d. _____

   e. _____

2. 如果你是純子的媽媽，你會怎樣做？

   _____

   _____

   _____

3. 鎂光燈下的青少年有甚麼特色？這理論給了你一些啟迪嗎？嘗試用這理論來理解你們最熟悉的年青人。

   _____

   _____

   _____

4. 試用「鎂光燈效應」和青少年的「需求層次」來解釋你們曾經見過或者遇到的事情。會不會有新的洞悉或見解？

   _____

   _____

   _____

5. 為甚麼要鼓勵青年人實行反自我中心主義？你們會有甚麼生活實例和其他實行的好提議嗎？

   _____

   _____

   _____

參考書目

林少峯、黎子良（2014）:《望子成龍的迷思》，香港：中華書局。

Asher, S. R., & McDonald, K. L. (2009). The behavioral basis of acceptance, rejection, and perceived popularity. In K. H. Rubin, W. M. Bukowski, & B. Laursen (Eds.), *Handbook of peer interactions, relationships, and groups: Social, emotional, and personality development in context* (pp. 232-249). New York: Guilford.

Bierman, K. (2004). *Peer rejection: Processes and intervention strategies*. New York, NY: Guilford Press.

Bowers et. al. (1996). Improving the social status of peer rejected youth with disabilities: Extending research on positive peer reporting. *International Journal of Behavioral Consultation and Therapy*.

Buhs, Ladd & Herald. (2006). Peer exclusion and victimization: Processes that mediate the relation between peer group rejection and children's classroom engagement and achievement. *Journal of Educational Psychology*, 98(1), 1-13.

Burke, K. (2000). *What to Do with The kid Who...Developing Cooperation, Self Discipline, and Responsibility in the Classroom* (2nd ed.). Arlington Heights, Ill: Skylight Professional Development.

Dodge, K. A. (1983). Behavioural antecedents of peer social status. *Child Development, 54,* pp.1386-1399.

Elliot, S., Roach, T. & Beddow, P. (2008). Best practices in preschool social skills training. In Thomas, A. & Grimes, J. (Eds.) *Best Practices in School Psychology IV*. Bethesda, MD: National Association of School Psychology.

Frankel, F., Cantwell, D. P., & Myatt, R. (1996). Helping ostracized children: Social skills training and parent support for socially rejected children. In E.D. Hibbs & P. S. Jensen (Eds.), *Psychosocial treatments for child and adolescent disorders: Empirically based strategies for clinical practice* (pp. 595-617). Washington, DC: American Psychological Association.

Gresham, F. (2002). Best practices in social skills training. In A. Thomas & J. Grimes (Eds.), *Best practices in school psychology IV.* Bethesda, MD: National Association of School Psychologists.

Haselager, G. J. T., Cillessen, A. H. N., Van Lieshout, C. F. M. Riksen-Walrave, J. M. A., & Hartup, W. W. (2002). Heterogeneity among peer-rejected boys across middle childhood: developmental pathways of social behavior. *Developmental Psychology, 38*, pp.446-456.

Juvonen, J. (1997). Peer relations. In G.G. Bear, K.M. Minke, & A. Thomas (Eds.), Children's needs 11: Development, problems, and alternatives.

Maslow, A.H. (1943). A theory of human motivation. *Psychological Review.* 50 (4): 370-96.

Rubin, K. H., Coplan, R., Chen, X., Buskirk, A. A., & Wojslawowicz, J. C. (2005). Peer relationships in childhood. In M. H. Bornstein & M. E. Lamb (Eds.), *Developmental science: An advanced textbook (5th ed.)* (pp. 469-511). Mahwah, NJ: Lawrence Erlbaum Associates.

Twenge, J. M., Baumeister, R. F., Tice, D. M., & Stucke, T. S. (2001). If you can't join them, beat them: Effects of social exclusion on aggressive behavior. *Journal of Personality and Social Psychology*, 81, 1058-1069.

Vaughn, S., McIntosh, R., & Spencer-Rowe, J. (1991). Peer rejection is a stubborn thing: Increasing peer acceptance of rejected students with learning disabilities. Learning Disabilities Research and Practice, 6, pp.83-88.

Wood, C. (1997). *Yardsticks: Children in the Classroom Ages 4-14: A Resource for Parents and Teachers* (Expanded). Northeast Foundation for Children.

圖畫提供

第七章

欺凌的無奈

　　雄雄是一名新移民，中二插班生。父母都很有學識，他們在國內都是中學老師，但到了香港後，他們的學歷都不被承認，爸爸任職保安，媽媽在雄雄的學校做花王，他們夫妻關係很好。雄雄的中文和數學成績不錯，運動和音樂都很出色，可惜英文則遠遠未如理想，而他的廣東話口音不純正，有鄉音。

　　欺凌者叫虎虎，是雄雄的同班同學，是家中的次子。虎虎成績不怎樣出色，運動和音樂的天分都沒有。虎虎的父親是黑道中人，時常教他做人最緊要是要有義氣，若見到同學朋友有事，一定要挺身而出，拔刀相助。父親更教他做人最緊要建立江湖地位，要學他一樣「打出個江山」。虎虎爸爸的座右銘是「呢個世界，邊個夠惡，邊個便可以話事。」虎虎的哥哥對這番話完全「照單全收」，所以在家中虎虎便是哥哥的欺凌對象。

　　母親則出身於風月場所，遇上虎虎父親後從良。但好景不常，父母最近剛剛離婚，父母雙方都激烈的爭取虎虎的撫養權。父親每見到母親便用盡一切的侮辱字句破口大罵。虎虎實際上是很孤獨的人，他沒有真正的朋友。

　　起初，虎虎只取笑雄雄的口音，但因為雄雄經常向老師告發他，而令虎虎感到很憤怒，於是煽動其他同學一起嘲笑雄雄為「大陸雄」。然後又開始嘲笑他的出身，嘲笑他為「花王雄」虎虎於互動通訊羣組中煽動同學孤立雄雄，又以雄雄的頭像改圖為哆啦Ａ夢內的大雄，張貼在社交網站上。班上有部分同學沒有參與

欺凌行為，亦沒有幫助雄雄，他們覺得事不關己，己不勞心，擔心舉報欺凌事件後會成為下一個被欺凌的對象。雄雄說：「我覺得沒有人喜歡我，所以我也不喜歡我自己。」

　　雄雄對於上述的欺凌行為一直啞忍，亦不敢告訴媽媽。直到有一天，雄雄因虎虎再次挑釁而情緒爆發。轉堂期間，虎虎把雄雄的書包藏起來，雄雄遍尋不獲而生氣，一邊大叫，一邊把虎虎的文具全掃到地上，引起全班哄堂大笑。

　　第二天雄雄帶了一把生果刀回校，放在其櫃子裏。班長發現了並告知老師。於是當值老師追問雄雄和介入事件，調查這件事是否欺凌事件。

　　虎虎因着父親的背景和霸氣，再加上他長期受哥哥的欺凌，無奈地由受害者轉化成欺凌者。而雄雄持續飽受虎虎的欺凌，終於忍受不住，帶生果刀回校，這種逼虎跳牆的結果也是很無奈。而當中的心理因素和循環，還有各人的不可改變的環境因素都實是無奈。

香港青少年的欺凌成全球之冠

　　2019 年，一項香港青少年的調查，訪問了 604 位青少年，在過去一年，接近四成曾遭欺凌；差不多一成被欺凌 60 次，欺凌行為近四成是身體上的侵犯行為，包括 24% 被故意推撞或用腳絆倒，14% 被拳打腳踢。

面對欺凌，近七成學生坦言沒有能力處理，他們都情願選擇用其他方式來逃避受侵犯。其中一成青少年會選擇拒絕上學（參閱本書第八章〈拒絕上學〉），而有近 5% 表示曾產生自殺念頭。調查亦發現青少年對欺凌的錯誤觀念，竟然有四分一人覺得欺凌並沒有太大問題，而且可以令人得教訓，使他知錯。有四成還認為被欺凌者通常是本身有問題才會被欺凌！甚至約有三成青少年認為欺凌者可得到擁戴。

2017 年，經濟合作與發展組織（OECD）調查報告亦顯示，在參與的 72 個國家或地區中，香港學生遭遇欺凌的比率為全球之冠，有 32% 學生表示曾在校園受欺凌。

欺凌無處不在？

大部分中外研究欺凌行為的學者對於欺凌行為的界定包括：

1. 重複發生：欺凌行為在一段時間內重複發生，而不是單一的偶發事件。
2. 具惡意：欺凌者蓄意地欺壓及傷害他人。
3. 權力不平衡的狀態：權力不平衡之處包括體型、能力、人際網絡的差異等，欺凌者明顯比受害者強，而欺凌是在受害者未能保護自己的情況下發生。（教育局 2018）

同時擁有三個以上的行為表徵，才會被界定為欺凌。總括來說，欺凌是指一個人或一輩人，以強凌弱或以眾欺寡，恃勢不斷蓄意傷害或欺壓別人的行為。欺凌者與受害者關係並

非固定，有時會出現角色互換情況。

　　一直以來，學術界對先前定義的欺凌行為的一個前設是持續發生。但是由於網絡欺凌僅一次可能已經產生潛在的傷害。北卡羅來納大學教授多蘿西埃斯皮萊奇（Dorothy Espelage）説：「當你在網絡一次過把負面信息發布給一百萬個人，其負面影響已經足夠，而無需考慮是否一定要發生一次以上。」故此，若以此作為修行欺凌的定義，可能無需考慮持續這因素了。

　　虎虎的個案明顯是欺凌事件，因為它不是單一事件，而是持續而重複發生的，既長期嘲笑雄雄的名字，也煽動同學孤立他。這些行為充滿惡意，也有權力不平衡的現象，令雄雄心理大受打擊，自尊感跌至低谷。

　　根據長期的研究歷史，不同類型的欺凌行為包括以下四種形式。

1. **身體欺凌：**包括擊打、踢、絆、捏或推。身體欺凌會造成短期和長期損害。

2. **言語欺凌：**口頭欺凌包括侮辱、取笑、恐嚇或帶種族主義言論或口頭侮辱。

3. **社會欺凌：**社會欺凌此類通常難以識別，並且可以在被欺負者的背後進行。它旨在損害某人的社會聲譽和／或造成屈辱。社會欺凌包括：撒謊和散佈謠言，負面的面部或身體手勢或輕蔑的表情，玩惡作劇以使人尷尬和羞辱，社交排擠某人，損害某人的社會聲譽。

4. **網絡欺凌：**通過使用網絡，電話和其他電子設備造成的故意和反覆傷害。網絡欺凌包括：辱罵或傷害性文

字，電子郵件，圖片或視頻，故意在網上排斥某人，散播令人討厭的謠言，在線模仿他人或使用他們的登錄信息。

虎虎的個案包含了雄雄受到孤立的社會欺凌和網絡欺凌，雖然未見有身體欺凌和暴力事件，但雄雄也深受言語欺凌的傷害。無論青少年採用那種形式的欺凌，歸根究底，都是為了玩弄權力。

為何連青少年也喜歡玩弄權力？我們嘗試以 5 個 W 和 1 個 H 去解釋。

森馬（陳嘉誠老師）

W1-Where? 暴力的來源？

　　青少年主要通過模仿暴力榜樣來學習暴力。這意味着若成人包括父母或照顧者依靠體罰或言語虐待來「控制」青少年，可能無意中成為欺凌行為的榜樣。暴力行為的次要來源包括年長的兄弟姐妹，媒體暴力，同齡人甚至學校老師。得到權力是主動的行為，未必人人都會去爭取，但歸屬感則是人類最基本的需要之一。

　　鮑比（Bowlby）的依附理論（Attachment theory）也認為建立和維持與別人的關係是必須的。一部分青少年一方面為了要獲取那份歸屬感和依附感，另一方面，為了避免被其他朋輩排擠，他們便參與了欺凌行為，以便鞏固自己在朋輩中的社會地位，建立基本的歸屬感和開展不同程度的權力。個案虎虎正是從欺凌行為中獲取權力和歸屬感。

W2-Why? 為何青少年選擇欺凌？

　　現今欺凌別人的青少年認為自己不需要為他們的行為找一個合理的理由。若你問他們，他們會説：「玩吓啫！」、「講笑咋！」、「係又點吖！」

　　當然，欺凌者可能連自己也不了解欺凌行為之所以然和欺凌帶來的負面影響，但當我們去深入探討，事情並不如欺

凌者所想的那麼簡單，對己對人的負面影響也極之深遠（參閱本書第七章〈創傷過後〉）。

W3-What? 甚麼令欺凌發生？

不自覺地模仿是其中一個因素，虎虎的暴力榜樣來自父親和哥哥，父親宣揚暴力的好處，而哥哥則把暴力實踐出來。

成功的模仿有三個主要條件。

首先，青少年會不自覺地模仿他們欣賞或喜歡的榜樣。這就是為甚麼父母具有如此強大的榜樣。虎虎的父親是一個很好的例子。其次，如果人們認為榜樣的行為能夠成功，那麼他們的行為就更有可能被模仿。虎虎的哥哥成為「成功」的欺凌者。

第三個條件是暴力必須被「合法化」，換句話說，如果讓青少年相信暴力是「合理的」，他們就更容易採取暴力態度。虎虎父親常說「邊個夠惡，邊個便可以話事」。事情才得以解決或辦事方便多了，虎虎便覺得暴力是應該的。

根據社會學習理論（Social learning theory），心理學家班杜拉（Albert Bandura）認為暴力行為是學習和觀察得來的。

W4-When? 甚麼時候時機成熟呢？

原來學會欺凌，也講時機，還有階段的；因為，我們相信，從觀察中學習包括四個階段：

（一）**注意階段**（attention phase）：指在觀察學習時，必須

注意榜樣所表現出來的行為特徵，並且要了解行為所包含的意義，否則很難藉着模仿而成為自己的行為。例如虎虎要注意哥哥怎樣欺凌人，而欺凌人有何意義呢？為了打響名堂？為了「威給別人看」。

（二）保持階段（retention phase）： 指由觀察到模仿的行為之後，必須將觀察所見的視覺化並且記下來，又或是用語言去描述這個行為，才可以保留在記憶中。例如虎虎要把哥哥的欺凌樣子記在腦海中。

（三）再生階段（reproduction phase）： 指對模仿的行為觀察後，放入記憶，然後以自己的行動方式表現出來。虎虎以自己的方式去演繹欺凌行為。

（四）動機階段（motivation phase）： 指不僅經由觀察模仿學到了行為，也在適當的時候將所學到的行為表現出來。虎虎把學習到的欺凌行為加於雄雄身上。

虎虎的個案正好解釋到旁觀者又或是被欺凌者如何一步一步地踏上成魔之路，最後成為另一個欺凌者。正如虎虎被哥哥欺凌，經歷了注意、保持、再生然後綜合所學，再加上自己的特色，終於成魔，成為欺凌者。

W5-Who? 誰是青少年最喜歡模仿的對象？

根據社會學習心理學家班杜拉的實驗研究發現，青少年生命中的五種人物分別是：

（一）青少年喜歡模仿他們心目中認為是最重要的人物：所謂最重要的人物是指在他們生活上影響他們最大的人

而言，例如家中的父母；學校的老師；朋輩中的領袖，都是青少年心目中最重要的人物。虎虎心目中的 VIP 一定是他的父親和哥哥。

（二）青少年喜歡模仿與他同樣性別的人：家庭中，女兒模仿母親，兒子模仿父親；在學校裏，男女學童分別模仿男女教師。而虎虎自然模仿他的父親和哥哥。

（三）青少年喜歡模仿有成就的、有社會地位或有江湖地位的人，而虎虎的父親正是既有社會地位，也有江湖地位。

（四）朋輩中，若有人曾經被人懲罰過的人，並不是一般青少年會模仿的對象，因為他們代表了一批失敗者。

（五）青少年若是同齡和社會階層相同的，大家會彼此模仿，正所謂物以類聚。

暴力行為的學習

除了行為主義，心理動力學和社會訊息處理等理論對欺凌行為都有解釋外，社會學習理論指出，學習者進行模仿時，會因應學習者當時的心理需求與學習所得的不同，而有四種不同的方式：

（一）**直接模仿**（direct modeling）：這是一種最簡單的學習方式，很多社會技能都是由直接模仿學習來的，例如學習執筆寫字和使用筷子等都是。

（二）**綜合模仿**（synthesized modeling）：未必直接得自一個榜樣，而是把多次觀察綜合起來，例如，虎虎觀察欺凌

行為都是經多次觀察而最後建立了自己欺凌的風格。

（三）**象徵模仿**（symbolic modeling）：學習者所模仿的並非一個具體的人物或是行為。而是人物所擁有的性格。例如虎虎父親所推崇的義氣，夠惡和不讓人看低自己。

（四）**抽象模仿**（abstract modeling）：觀察學習所學到的是抽象的概念，而非一種具體行為。例如虎虎從欺凌中學到「既要惡，也要型」、「人不犯我，我不犯人；人若犯我，我必犯人」。

既然欺凌和暴力行為是學習得來的，那麼，當欺凌者在一個現實的處境中時，他的腦子在想甚麼呢？他雙耳會聽甚麼呢？他雙眼又會看甚麼呢？然後，青少年在生活片段中如何分析從感官得來的信息，然後作出反應呢？以下是一個信息處理模式：

攻擊及暴力行為的心理機制

　　研究侵略行為的心理學大師道奇博士（Kenneth A. Dodge）提出一個信息處理模式，當面對社交刺激時，個體會通過一系列心理機制來處理行為反應。

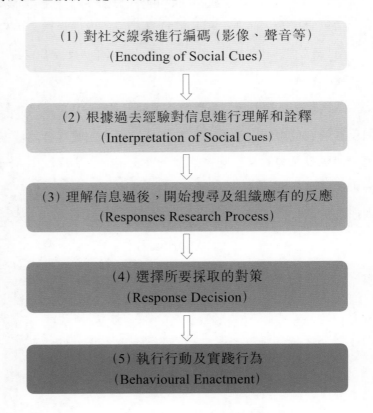

（1）對社交線索進行編碼（影像、聲音等）
（Encoding of Social Cues）

（2）根據過去經驗對信息進行理解和詮釋
（Interpretation of Social Cues）

（3）理解信息過後，開始搜尋及組織應有的反應
（Responses Research Process）

（4）選擇所要採取的對策
（Response Decision）

（5）執行行動及實踐行為
（Behavioural Enactment）

這些心理機制包括：

1　對社交線索進行編碼（影像、聲音等）（Encoding of social cues）

這意味着欺凌者嘗試讀取情況。他們試圖了解正在發生的是甚麼事情，例如另一個人在做甚麼？以及另一個人的意圖是甚麼？欺凌者從別人的眼神、語氣中找尋線索。但可惜他們大多數都是錯誤判斷了別人的動機，例如別人望着他們，他們便覺得這樣是等同對他們不懷好意。事實表明，欺凌者不像其他人一樣，努力尋找線索，換句話說，他們在未清楚體察全面形勢前已作出侵略行為的決定。作者嘗試補充這個模型的內容，欺凌者除了從影像、聲音去找線索，同一時間，他們也在評估誰人的權力較大，誰會最終得着別人的關注。他們也會衡量最終會否得到獎勵和建立地位，另一方面，他們也考慮會否藉此減輕了生活上的壓力。

得到權力和關注

欺凌者為了證明自己比別人強，比別人更有力量，比別人更能控制他人，他們最簡單的方法是將注意力集中在被害者的獨特之處，例如高矮、肥瘦、種族或不同的特殊需要。個案中的虎虎便嘲笑雄雄那帶有鄉音的廣東話，也嘲笑他是「花王雄」。欺凌者刻意尋找或製造出令受害者產生不安全的感覺，受害者會慢慢的變得自我責備，他們會嘗試尋找被欺凌的原因，在此過程中，他們會受盡生理和心理的傷害。正如雄雄開始連自己都不喜歡自己。

根據社會資本理論，欺凌者以恐嚇和屈辱的欺凌手段去

積累社會資本，這些資本包括追隨者，名聲，權力和社會地位，當他們「打響名堂」後，便能鞏固自己在朋輩中的領導地位，然後通過持續的欺凌行為來維持他們的社會地位。換句話說，欺凌行為被用作建立並保持主導地位。

其實欺凌行為不是與生俱來的東西，而是一種學會的行為，是人們從模仿中學習到的行為。虎虎的行為很大程度是受到黑道父親所影響，虎虎一方面崇拜他父親的江湖地位，另一方面也接受父親那套「誰夠惡便是誰當家作主」的人生哲學。

很多欺凌者雖然不被人喜歡，但他們卻容易得到同學的歡迎，而一些特徵例如個人魅力、運動能力和時髦的服裝，都能增加他們獲得統治地位並受到同學的歡迎。

很多時候，欺凌者都不會認為自己是惡霸。他們認為自己都曾經努力嘗試與被害者作出正常的溝通，甚至大家可以成為朋友。但當他們用他們認為合理的方式進行交流時往往都遇到困難，例如太衝動、太霸道或是太不懂分析別人的眉頭眼額。當他們遇到社交上的困難時，便往往沉不住氣的轉向一些侮辱性或甚至暴力的行為作為一種溝通的方式。

> ## 欺凌者的第一個無奈
> ## 孤獨 vs 關注

不少欺凌者只是表面風光，一方面他們好像得到很多權力和關注，但另一方面，他們實際上是很孤獨的人（參閱本書第三章〈我彷彿躺臥在棺材裏！〉），他們沒有很多（如果有的話）真正的朋友。他們很希望用不同的表達方法吸引別人的注

意力，他們慢慢的發覺，原來欺凌人會幫助他們贏取別人不同程度的關注。正如孤單的虎虎一樣，在欺凌雄雄之前，只能夠獨來獨往，沒有半個知心的朋友，但自從他成為欺凌者後，他多了很多喜歡趁熱鬧的追隨者。但這樣更增加他們的無奈感，追隨者只是欣賞他的暴力行為，又或是避免成為他的欺凌對象，他們不是真正的欣賞自己。午夜夢迴，誰人可以聽自己傾訴，誰人是自己的真正朋友呢？

得到獎勵和地位

不幸的是，欺凌行為通常都鼓勵了欺凌者繼續做下去，因為這樣做，他們會得到他們想要的東西，例如，同學的欣賞、朋輩的認同和校方的關注。每當欺凌者獲得勝利並成功獲得他們想要的東西時，這樣就會強化了他們的行為。虎虎也深深體會到，他越劇烈地欺凌別人，他越受到同班甚至擴展到同校同學的欣賞，而一些女同學都報以欣賞和傾慕的眼光來看他。

有研究表明，包括人類在內的動物，社會地位越高，生理和心理會更加健康。例如，有證據表明，在狒狒等哺乳類動物中有明確的等級制度。那些統治他人的人擁有更多的控制權，從而減輕不必要的壓力而使身體更加健康。所以在人類社會中，人們都用不同的方法提高自己的社會地位。在學校裏，成績優秀的便享有較高的地位，而成績不怎樣出色的學生便只有靠着其他才能去令自己的地位提高，例如發揮運動和音樂的天分。若連這兩種才能都沒有，他們便只能依賴其他方法去「霸佔」較高的社會地位，而欺凌行為便是其中一種。這正是虎虎的寫照，虎虎時常對自己說：「我成績平平，音樂和

運動都技不如人，要打出天下，除了欺凌別人，還可以有任何其他方法嗎？」

或許，有人會質疑為甚麼欺凌行為可以提高社會地位。實際上，欺凌者在同輩中非常受歡迎。一項針對洛杉磯 11 所中學近 2,000 名七年級和八年級學生（相等於香港初中）的研究發現，這些青少年認為那些「開始打架或推撞別人」又或是「散佈謠言的人」，在同學中都享有很高的社會地位，而受害者則在社會上處於邊緣地位。一項針對美國 307 名中學生的縱向研究發現，隨着時間的流逝，男性欺凌者並沒有喪失自尊心，而女性欺凌者更加強了自尊感。當然這些研究都受到社會文化和學校文化影響，但無論如何，這些研究都顯示到現今世代，青少年是如何看待欺凌的行為。

減少壓力和創傷

不少欺凌者並非強者，相反，他們覺得自己無能為力。對他們來說，家庭中的爭鬥，父母離婚或者家人失業患病等等事件都令他們產生無力感，而欺凌別人卻可以令他們重尋一種失落已久的能力感。而虎虎正是成為父母爭取撫養的磨心，那種自責和無力感令他透不過氣來，而欺凌別人卻為他「殺出一條血路」。當然藉着打倒別人以建立自己能力感的這種方法往往不能成功，相反，只會令他們更覺得無能為力和更見孤單。

欺凌者的第二個無奈

壓力 vs 解決

跟其他人相比，欺凌者比其他人遭受壓力及創傷的可能性更高。例如父母分居、親屬死亡或弟妹患病等。事實上，我們每個人對壓力的反應都非常不同。我們中有些人會使用正面積極的對應方法，例如靜觀和運動，目的是去減低壓力。另外一些人則會採用欺凌、暴力和酗酒之類的負面行為去減壓。

欺凌行為短暫時期可能有減壓作用，起碼讓欺凌者轉移了視線，但從長遠來看則會使問題變得更糟，因為欺凌者沒有正面的解決問題，也沒有嘗試一下減壓的方法，於是欺凌便成為他們唯一解決問題的方法。若虎虎能夠正面積極地面對和解決問題，他之後的人生可能會改寫。

2　憑經驗對社交信息的理解（Interpretation of social cues）

若欺凌者根據過往經驗來決定現有的行動，他們大多數的經驗都是比較負面的，例如他們本身都有被人欺凌或虐待的經驗。另外，他們在與人相處上都充滿恐懼、嫉妒和欠缺安全感，這些負面經驗都影響了他們日後所作的每一決定。

被人欺凌和挑釁

在許多情況下，欺凌會導致欺凌。欺凌者可能曾經被父母、老師或年長的兄弟姊妹欺負。雖然他們自己也曾飽受折磨，但他們卻暗暗的欣賞這些曾經欺凌過他們的人。而且，因為是自己的真實經歷，於是令他們更加相信欺凌別人可以建立自己的權威，也能幫助他們解決自己的問題。虎虎一方

面哥哥長期的欺凌，另一方面，他也親眼看到父親如何的欺凌別的弱小，這正給了虎虎一個示範作用，令他深信要避免被人欺凌，便要先發制人，先主動出擊，才可以建立自己的江湖地位。而虎虎母親因為出身風月場所，令虎虎覺得這是他人生裏的一大污點，有辱家門。雖然他覺得母親值得同情，但每當父親對她多番侮辱，虎虎也覺得母親不值得原諒，這也是虎虎的無奈。

網絡欺凌很多時候會成為弱者嘗試逆轉自己弱勢的工具一些在現實世界中被視為弱者或慘被別人欺凌的人往往利用互聯網改變自己的命運。網絡的世界令他們瞬間有機會變而成為強者，昨天他們還在現實世界中扮演着弱者的角色，到了今天，他們在網絡世界中已經成為很多弱者的極大威脅。虎虎也深知互聯網的威力，故此充分利用在他的「欺凌事業」上。虎虎在 FB、IG 或公開聊天室內散播流言、改圖、以粗口威脅其他人。他們令別人在現實中再不敢欺壓他們。

研究表示，曾經遭受欺凌的人成為欺凌者的可能性比普通人高出兩倍。也許他們曾經在小時候被欺凌過，又或者他們原先是受害者，為了停止被人欺凌，他們往往會啓動自我的防禦機制。欺凌者傾向於相信，通過欺凌他人，他們便不會再受人欺凌。這正是虎虎的寫照，他兒時曾經長期受哥哥的欺凌，但當他「打出名堂」後，他哥哥也再不敢惹他。表面上虎虎這種方法似乎「可行」，但實際上這只是負面行為的惡性循環，**原本單純守規的受害者卻慢慢的走上成魔之路。**

源於恐懼嫉妒

對於許多人來說，欺凌者似乎是強者，起碼最低限度相對

於受害者而言。事實上，不少欺凌者只是裝胸作勢，內心裏其實充滿了恐懼、不安全和無能為力的感覺。他們的欺凌行為其實源於恐懼，他們恐懼失去別人的尊重、失去朋友、失去地位、失去權力。正如虎虎，他事實常活在恐懼中，恐懼家庭的突變，恐懼別人知道他父母的離異，也恐懼朋友會嫌棄他。在成為欺凌者前，虎虎曾恐懼地問自己：「我會成為下一個受害者嗎？」

「對屈辱的恐懼似乎是其中之一種最強大動力」（Klein，1991 年，第 96 頁）。恐懼成為受害者令虎虎活在恐懼和不信任的氣氛中，最終他選擇了主動出擊，以欺凌來踢走可怕的恐懼，但在現實世界中，他只是由一種恐懼跌入另一種恐懼，害怕失去江湖地位的恐懼。

欺凌者的第三個無奈
恐懼 vs 強勢

欺凌者有這些恐懼、不安和無力感正正顯得出他們對自己不甚滿意。當一個人有這種感覺時，他們可能會作出欺凌行為，以使他人降至低於自己的水平。當他們欺凌他人時，他們會因而感到有力量，覺得為了可以隱藏自己的弱點和恐懼，他們會盡力發現並暴露別人的弱點。這都是為了使自己的注意力更可從自己身上移開，使自己比別人更強大，從而讓自己感覺更好。

不少欺凌者本身自尊心低，一方面他們嫉妒受害者，因為受害者可能出身於良好家庭，又有良好的品格，又有良好

的成績，這些都令欺凌者覺得自己望塵莫及。另一方面，他們覺得不被受害者尊重，他們覺得受害者搶盡自己的風頭，凡此種種都刺激起欺凌者的惱火。最後他們由於同輩的壓力，不得不採取有力的方法去令自己找回一點自尊。虎虎之所以以雄雄為欺凌對象，除了因為雄雄由內地來港之外，其實虎虎嫉妒雄雄有很好的父母，有很好的成績，也有音樂和運動的才能。面對雄雄，虎虎覺得自己一無是處，所以非要擊倒他不可。

欺凌者在選擇受害者時，往往選擇那些比較上與眾不同的人，不少時候，他們會選擇那些或他們一向都嫉妒的人，例如成績比他們好，樣貌比他們出眾，又或是比他們更吸引到異性。

3 搜尋和組織反應（Responses research process）

當面對困難欺凌者會嘗試想想有何解決方案，但很不幸，他們想到的方案往往比起其他人較少，而他們想到的解決方案都比起其他人的解決方案更有可能具有攻擊和暴力成分在內。

負面的經驗

如果個人人生經歷資料庫中充斥苛刻的和殘酷的社會經歷，那麼他們面對眼前的困難時可能會錯判形勢。當他們感到別人對自己不懷好意時，他們便會從過往經驗中找尋相類似的經驗。可惜，他們過往的經驗都是不好的經驗居多。

感受錯判

欺凌者都有一個共通點是缺乏同理心，他們樂於看到其他人處於痛苦中。當他們傷害別人時，他們或許對受害者的感受不了解。或許對受害者的痛苦感到高興，或許這種因欺凌而得來的成就感遠遠高於他們的同理心，所以助長他們繼續向別人施行欺壓。

扭曲的世界觀

在童年時期被欺負的成年人會詳細生動地記住他們受害的細節，多年後依然會回想起這些經歷。累積的負面經驗慢慢把他們的世界觀扭曲了，他們覺得別人總是針對自己，總是對自己不利。今次為了保護自己，一定不會重犯以前的錯誤。

4　選擇對策 (Response decision)

他們便去想想解決今次問題的方法，但很可惜，無論他們多麼努力去思想解決方法，欺凌者解決問題的方法一般都比其他人少，最終他們可能會選擇一些霸道的行為。部分父母可能有意無意接納了孩子的這些行為，他們認為在弱肉強食的社會裏，孩子這種強悍的個性才能站得住腳。有些父母甚至認為現今社會的風氣是：「邊個夠惡，邊個便可以話事」。既然這樣，唯有霸道才肯定不會吃虧。

5　執行行動 (Behavioural enactment)

這種欺凌現象不止在香港發生，記得作者在英國做研究時，訪問了一些少數族裔的小孩，他們都說：「遇到對自己不

利的情形，先打了人去保護自己先，若事後發現打錯了，便説
聲對不起吧了。」但他們不知道自己正在慢慢建立一套負面扭
曲的世界觀。這種扭曲的世界觀一方面對孩子的成長十分不
健康，另一方面朋友們都會因此而敬而遠之。

欺凌源於恐懼和嫉妒。

負面經驗的累積，形成了扭曲的信念和世界觀。

一次又一次的錯判形勢，使他／她最後踏上成魔之路。

黎子良

總結

錯綜複雜的無奈

「玩吓啫！」、「講笑咋！」你相信欺凌者只為了好玩而去
欺負別人？確實有部分人覺得孤獨，生活無聊，需要一些刺激
感，而欺凌別人正好填滿了他們的空虛感，但更多人可能以
欺凌去得到權力和關注，得到獎勵和地位，減少壓力和創傷。
有些或曾經被人欺凌和挑釁，而其根源是源於恐懼和嫉妒，
而受到過往負面經驗和扭曲的世界觀而影響了他們的錯判形
勢，最後一步一步的踏上成魔之路。

欺凌就像一個漆黑的山洞，洞內收藏了不少的無奈和心理渴求。

與欺凌青少年同行吧，他們需要的是愛與陪伴。

情緒錦囊

欺凌者錯綜複雜的多重無奈：恐懼、不安、自我形象低、沒自信、壓力爆煲⋯⋯

假若我有權力、能力、財力和無壓力⋯⋯

假若我得全人類注視，所有人愛戴和傾慕我⋯⋯

就這樣，他一步一步踏上成魔之路。

能否給他一個家：

- 多關注，零鬥爭。

- 有愛有淚，真正的歸屬。

- 既安靜也安全，又舒適且自由。

- 一個可以喘息更能夠發展自我和成長的地方。

思考課題

1.　你認為下列處境是否欺凌事件？

　　a.　小息時同學們在飯堂排隊買零食，阿強見到阿智沒
　　　　有排隊便走到最前收銀處，便大叫：「龍尾在後面呀
　　　　喂！」但阿智裝作聽不到，兩人便你一拳，我一腳打
　　　　起來。

　　　　是 ＿＿＿＿＿＿＿

　　　　否 ＿＿＿＿＿＿＿

　　　　有何理據？ ＿＿＿＿＿＿＿＿＿＿＿＿＿＿＿＿＿＿＿

　　　　事件源於甚麼原因？ ＿＿＿＿＿＿＿＿＿＿＿＿＿＿＿

　　b.　阿弗是從加拿大回流的插班生，小息時他喜歡與幾位
　　　　同學一同踢球。每次他到球場時，他都會問候其他
　　　　人：「Hi, guys.」而同學都以花名回應他：「Hi，狒狒。」
　　　　他聽到後都與他們一起大笑。

　　　　是 ＿＿＿＿＿＿＿

　　　　否 ＿＿＿＿＿＿＿

　　　　有何理據？ ＿＿＿＿＿＿＿＿＿＿＿＿＿＿＿＿＿＿＿

　　　　事件源於甚麼原因？ ＿＿＿＿＿＿＿＿＿＿＿＿＿＿＿

　　c.　阿雪因為性格文靜，惹人憐愛，很多男同學都想接近
　　　　她，令到同班的女同學羣起排擠她，刻意在她面前叫
　　　　她「姣婆」，又在網上指她曾經整容，甚至 cap 圖說她
　　　　整容前是一個醜八怪，其他同學都半信半疑。每當阿
　　　　雪進入課室，大部分同學都以怪異目光看她。

　　　　是 ＿＿＿＿＿＿＿

　　　　否 ＿＿＿＿＿＿＿

　　　　有何理據？ ＿＿＿＿＿＿＿＿＿＿＿＿＿＿＿＿＿＿＿

　　　　事件源於甚麼原因？ ＿＿＿＿＿＿＿＿＿＿＿＿＿＿＿

2. 欺凌的根源是甚麼？試以虎虎為例列出三項。

    a. _____

    b. _____

    c. _____

3. 欺凌的三個無奈分別是甚麼？

    a. _____

    b. _____

    c. _____

4. 請列出三項暴力的心理機制？

    a. _____

    b. _____

    c. _____

5. 欺凌者在處理信息方面出現了甚麼混亂狀況？

    a. _____

    b. _____

    c. _____

參考書目

香港校園欺凌現象與面對策略 https://me.icac.hk/upload/doc/j391.htm

教育統籌局 (2003)：《〈和諧校園齊創建〉資源套》，檢自 https://www.edb. gov.hk/attachment/tc/teacher/student-guidance-discipline-services/gd-resources/anti-bullying/stopbullying_resource_Package_chi1.zip

灣仔校園聯繫網，「校園暴力及欺凌問題」，http://www.hkuspace.hku.hk/wchpol-schlink/main.php

Beane, A.L. (1999). *The bully free classroom*. Minnesota: Free Spirit.

Department for Education & Skills (2002, September). Bullying: Don't suffer in silence.

Dodge, K. A., Pettit, G. S., McClaskey, C. L., & Brown, M. M.(1986). Social competence in children. Monographs of the Society for Research in Child Development, 51(2, Serial No.213).

Lin, S. F., & Lai, C. L. (2016). *Bullying in Hong Kong schools*. In P. K. Smith, K. Kwak, & Y. Toda (Eds.), School bullying in different cultures: Eastern and western perspectives (pp. 133-150). Cambridge: Cambridge University Press.

Lin, S. F., Kanetsuna, T. & Lee, S. H. (2012). Bullying in Eastern Cultures. In A. O. Bernal, S. Y. Jimenez & P. K Smith (2012). (Ed.). *School Bullying & Violence: International Perspectives*. Madrid: Biblioteca Nueva. Chapter 10.

Newman, D.A., Horne, A.M., & Bartolomucci, C.L. (2000). *Bully busters*: *A teacher's manual for helping bullies, victims, and bystanders*. Illinois: Research Press.

Olweus, D. (1993). *Bullying at school*: *What we know and what we can do*. Oxford: Blackwell.

Pollastri, A. R., Cardemil,,E. V., O'Donnell, E. H. (2020). Self-Esteem in Pure Bullies and Bully/Victims: A Longitudinal Analysis. *Journal of*

Interpersonal Violence. 25(8): 1489-502.

Smith, P. K. (2014). *Understanding School Bullying: Its Nature and Prevention Strategies.* London: Sage Publications.

Sutton, J., & Smith, P.K. (1999). Bullying as a group process. *Aggressive Behavior*, 25, pp.97-111.

圖畫提供

頁 155、160	Summer, D.（森馬，陳嘉誠老師）[@damienforestartist] (2020).The Hatees Comics. Retrieved from https://www.instagram.com/damienforestartist
頁 176-178	鄺司睿，青年女子，自小診斷智力障礙與自閉症

第八章

拒絕上學

嘉嘉沒有上學已 10 個月了。

十一歲的嘉嘉剛剛升上中學不久，差不多每天早晨都和父母爭吵。首先，她不願起牀，母親要在她半睡狀態下替她換校服，然後抱着她去洗手間，再指着她到樓下去趕乘巴士。有時，嘉嘉會在洗手間內睡着，個多小時以後醒來才去上學已經太遲了。有時，她會爬回牀上睡到正午。有時，父母為她換校服時，她會反抗，推開他們，同時高聲叫喊。每天清早如是，眼見爸媽沒她辦法，哥哥都感到十分困擾。

直至有一天，她失蹤了，家人只好報警。在保安人員的協助下，竟發現她穿着校服伏在後樓梯睡着了。

嫲嫲目睹孫女的情況每況愈下，於是私下為她請心理學家家訪，給予各人心理治療和介入，繼而為她找合適的學校。嫲嫲一直支持家人配合心理學家的安排和女孩的心理治療。

*　　　　*　　　　*

坤仔是一名十一歲的男孩，個子非常小，看似小學三、四年級的學生。他的腦袋卻非常發達，比成年人還要機智聰明，可惜他拒絕上學。他已經沒有上學半個學年了，天天躲在家中打機，廢寢忘食。更糟糕的是他聯繫了一羣海外的青年人打羣體電競賽，於是日夜顛倒，生活一團糟。他每一天的任務只有打機和睡覺，不會花太多時間吃飯。他喜歡學習，特別是科學知識和邏輯理論，還有興趣繪畫。不幸的是，他跟媽媽不和，總是爭吵不休，有時候兩人寧可選擇分開吃飯和作息，逃避接觸和衝突。

嘉嘉和坤仔是否都患了上學恐懼症呢？

孩子不肯上學的話，父母和老師都束手無策！

上學恐懼症？

學童的缺課行為，是因為對上學產生莫名或非理性的焦慮和恐懼，繼而產生強烈的逃避與抗拒表現，本身可能具有精神心理的病因。「Phobia」這個名詞是指某些在特定情況及場合才會發生的恐懼焦慮，故這種只在上學才發生，不上學時則無明顯症狀的表現，稱為上學恐懼症（School Phobia）。

在美國精神醫學會的精神疾病診斷及統計手冊第四版（DSM-IV）中，已經將上學恐懼症歸於焦慮性疾患一類中，並有其特定的診斷，學童的表現要符合以下標準：

1　在被要求上學時或者想到學校相關情境事物時，才開始有焦慮擔憂的感覺。

2　學童發現自己很難控制自己的焦慮、恐懼（較小的孩子可能無此知覺）。

3　其焦慮與擔憂伴隨下列症狀中的至少一項，並有持續的現象：

Ψ　不能靜止或感覺煩躁

Ψ　容易疲累

Ψ　容易發脾氣

Ψ　肌肉緊張

Ψ　睡眠障礙

上學恐懼症一詞最早出現於 1941 年，指學童對學校產生不合理的恐懼，而產生各種生理病徵如哭鬧，甚至會出現呼吸急促、心悸、頭痛、肚痛及腹瀉等症狀。學童因而留在家中休息，沒有上學，但在家裏時，症狀卻會明顯減輕或變得若無其事。

心理學家認為分離焦慮（Separation anxiety）是懼學問題的根本原因。上課時，學習過程中遇到困難，例如不明白教授內容，答錯題，遭老師責備，當孩子深感挫折便有機會轉化成羞恥，繼而產生憤怒的情緒。早在 1941 年，心理學家已經發現，逃避教師和學校是孩子抵抗焦慮的方法之一。雖然某程度上，教師是某種淡化了的母親形象（根據心理學的一些學派所指），但孩子卻無法依賴老師。由於對母親種種情緒上的抑制，憤怒經由感情轉移，教師便成為孩子所懼怕的對象。

台灣教育心理學研究學者張春興教授在 1989 年出版的《張氏心理學辭典》中，簡要地定義上課驚恐症為：「在校適應困難，學校情境在無可逃避的狀況下，對學校中一切活動產生極不合理的恐懼反應」。

借鑒美國過去 30 年的研究結果，學童出現上學恐懼症的比率約為 5%。在性別、智力程度和家庭社經地位等方面，出現率沒有明顯差異。但在年齡方面，上學恐懼症較易出現在五至七歲、十一歲和十四歲的學生身上，大約符合剛入小學、離開小學和離開初中等時期。

一些心理學家聲稱，上學恐懼症是一種經由經驗學習而來的反應，媽媽以不當的言詞把「上學」和「失去媽媽」聯結起來，年幼的學童誤以為上學之後回來就會見不到媽媽，上

學恐懼症便容易產生，而孩子留在家中不但可以降低這種焦慮，還可以得到父母的關注，因此強化了他們這種不去上學的行為。

　　台灣教育心理學研究學者吳武典教授則認為，上學恐懼症是幼時分離焦慮的不當延續。美國臨床研究結果發現，一般有上學恐懼症的學童在早晨起牀後總是情緒不穩定，焦慮不安，具有類似病人的症狀，特別是在上課時間逼近時，往往無意加以拖延、磨蹭，甚至引起腹痛、嘔吐等生理症狀。要是家長此時安撫孩子不必上學，這些症狀就會減輕或消失。自 1965 年以來臨床研究確定，上學恐懼症的學童離開學校越久，越難回到學校恢復正常生活。

古頌一小朋友

拒學行為的成因和形態

上學恐懼症的症狀多半於學期開始的時候發生，特別是孩子面對功課壓力失去信心，跟老師、同學發生不愉快事件，與父母爭論、衝突，或病後，又或是轉學，都容易出現拒學表現。然而可能誘發孩子懼學表現的因素很多，根據美國心理學家本弗芬尼（Urie Bronfenbrenner）的環境系統理論，一個個體首先受遺傳因子影響，其次是他／她的性格，然後是微觀系統，即他／她的家庭，每天生活的地方，也是被塑造的地方。塑造他／她的除了是父母外，還包括兄弟姊妹、祖父母和其他照顧者如外傭等。接着是學校、鄰居，然後是宏觀系統，即社區層面包括社區、教會、酒吧、超市，以及當中的社會文化。既然如此，我們不要只專注於個人身上，應該同時留意他／她身旁的人和生活環境。

個人因素：

Ψ 自我要求太高，追求完美卻無法達成

Ψ 能力不足，學習屢遭挫折

Ψ 人際關係不佳

家庭因素：

Ψ 父母過度保護、溺愛，使孩子無法適應獨立生活

Ψ 期望過高，孩子壓力太大而放棄學習

學校因素：

Ψ 老師要求及管教嚴格，或學童曾受老師嚴厲責罰

Ψ 懼怕受到同學欺負或排擠

Ψ 放長假後或新學期開始

Ψ 換新學校或新老師時

美國心理學家科爾尼和西爾弗曼（Kearney and Silverman）在 1993 年發表的文章中，曾將拒／懼學行為分成四種形態：

1　**躲開：**迴避學校內會引致負面情緒的人、地、事，如走火警、測驗、默書和考試；教師；實驗室，或因精神醫學上的特定畏懼症。

2　**逃避：**不愉快或所討厭的情境，如不良的友儕關係，或因精神醫學上的社會畏懼症而引發焦慮。

3　**尋求注意：**如以發脾氣或生理不適為理由需要留在家裏，因而得到家長的注意或陪伴。此符合精神醫學上分離性焦慮疾患。

4　**增強實質效益：**尋求更多校外及家中的得益機會，如自由看電視、玩電腦、找朋友、做 part-time 賺錢等。

拒學行為越久，越難正常復課

缺乏學習的動力

嘉嘉缺席了整個學期，要理解課堂上的教學內容確實有困難。任何科目的學習都是積累得來的，倘若當中欠缺了一些資訊，要明白更後期的課，必定有相當困難。孩子需要的是理解、諒解之餘，還需學校提供特別的學習安排，幫助重回學習正軌。不然，孩子根本無從入手。在有限資源和能力的條件下，看不到即時可行的解決方法，很多孩子只好放棄學習。嘉嘉在原來的學校復課後，無法理解老師教授的內容，

學校也沒有安排任何特別指導的課程給她,她說:「很無聊,很悶!只是光坐,我倒不如留在家裏睡覺還好。」

坤仔雖然跟嘉嘉的情況不盡相同,但他同樣是失去學習動力。他本來唸的是一所國際學校,中文課程為外籍小朋友而設,對坤仔而言則過分簡單,內容枯燥極了,他覺得不上也罷。「這樣學中文?簡直浪費我時間!家裏請來的老師學的還蠻有意思,我留在家學習還好。」至於其他科目例如科學課,他十分有興趣,更自命科學課是他的強項。但是他已沒有上學多時,已經追不上了,怎樣面對?!

缺乏學習以外的推動力

就像嘉嘉,她沒有回校上課已整整一個學期,沒有辦法結識朋友,更難以得到同學的理解。結果她無法追上學業,成為欺凌的對象,經常被同學取笑。當她嘗試勇敢地回到班裏上課,老師發問問題,到她回答時,同學竟全部起來「幫」她,看來好像十分友善和願意幫忙,但目的只是要揶揄她和提醒老師,她已經很久沒有上學,一定不會懂得回答。她的勇敢受到挑戰,嘗試的結果是苦了自己,於是,她退縮了。更壞的是,她看穿了同學虛偽的一面,再沒有學習以外的東西可以成為她上學的推動力了。

坤仔雖然知道自己追不上學習課程,但是他很矛盾,會自言自語:「我想快些回到學校去,因為我需要朋友。躲在家裏完全與外界分隔,我厭倦了,沒有生活,沒有朋友。」

> 上學不僅是學習，
> 也建立友誼、結交玩伴、得愛與關懷；
> 擁有並使用額外資源、生活得更精彩。
> 凡此種種都可以成為推動青少年上學的動力，
> 皆不容忽略和錯過。
>
> 林少峯

正常的日常生活作息已成敵人

另外，不上學的孩子已經養成另類的生活習慣，正常的生活已成為他們的敵人！他們很難早起上學，按早餐時間吃早餐，午餐時間吃午餐和晚餐時間吃晚餐，難以正常作息時間去睡覺。因此，問題接踵而來，包括，生理上、社交上、學業上、家庭關係上和精神壓力。例如，嘉嘉起牀時已是下午二至三時，爸爸早已上班，媽媽也已經在店裏工作，無人煮飯給她吃和陪伴她。於是，她感到孤獨（參閱本書第三章〈我彷彿躺臥在棺材裏！〉），也沒有胃口，身體漸漸開始出問題，胃痛和腹痛經常發生。當哥哥和爸爸回家吃飯時，她才吃了不久，吃不下，這也影響整個家庭的情緒。

她知道各人對她的關心，即使她更努力，希望回到正常軌道，也非常費力。為了避免睡過了頭無法上學，她只好不睡覺，而嫲嫲竟然陪伴她講故事到天光。嘉嘉早上五時更換校

服，六時乘車上學去。我們都欣賞她的積極行動，但即使有再大動力，成年人都支撐不了這樣的作息時間，結果不消說，她翌日便睡了一整天。

坤仔沒有嘉嘉的決心，加上他沉迷打機（參閱本書第五章〈「機」不可失〉），經常早上四時才睡覺，而他與爸爸的衝突又沒有其他人協助解決和緩衝，坤仔更難以開始回到正常的生活作息時間。

如何停止拒學行為？

如何帶嘉嘉和坤仔回到學校？

每個個案有不同的形態和原因導致拒學，要決定如何把學童帶回學校，必先探究其發病根源。我們先以嘉嘉為例，我們如何帶嘉嘉回到學校去呢？

洋蔥瓣一片片地瓣開

第一瓣，逐步除去其他可能的明顯原因，首先要肯定她不是因為有生理疾患。

第二瓣，了解她的睡眠習慣和生理時鐘。

第三瓣，研究她的成長歷程，與父母和嫲嫲的依附關係。

第四瓣，知道她在學校與老師同學的關係，她在學校的表現。

第五瓣，知道她喜愛的和不喜愛的課堂或科目的因素。

第六瓣，了解她的整體家庭生活。

第七瓣，探究她的整體社交生活。

嘉嘉自小由婆婆照顧，婆婆任由她隨時隨地都可以睡覺。幾年後，她轉由嫲嫲照顧，嫲嫲很有規矩，完全不接納她的壞習慣。過了一段短時間，嘉嘉被送回家，改由外傭安妮姐姐照顧，直至八歲。她很依附安妮也很懷念她。隨後她由另一位外傭照顧，但與她的關係不及安妮姐姐。嘉嘉有一個哥哥，一直由嫲嫲照顧至十五歲，兩年前才開始與嘉嘉同住。他為人嚴謹、安靜和守規矩，也很勤力，做事有計畫，很多時候都能達到目標。他對嫲嫲很依附。

嘉嘉的父母每天都出外工作，直至晚上十時半才回家。她一直都是自己吃飯，直至兩年前哥哥回家為止。每當他們一起吃飯，問題便發生，因為他們各有自己的喜好和習慣，他們一般只能吃即食麵或各自的食物。吃飯時很少傾談，因為嘉嘉只喜歡電視陪她吃飯。根據老師的觀察，嘉嘉的學校生活沒有問題，她上堂留心、安靜、遵守校規，小息時與同學相處得很好。她參加不少球類運動，也喜歡學校的宿營活動。

嘉嘉是一個不快樂的孩子，這種既想上學又拒絕上學的掙扎，令她感到內疚、憂慮和抑鬱。有這種拒絕上學表現的主因是她覺得自己不快樂，很孤單，她欠缺安全感，對所有事情都沒有興趣或動機。因為拒學事件已持續幾年，沒有適當的介入和處理，她與母親的衝突已到了沸點。這是惡性循環：嘉嘉越拒絕母親，母親便變得越情緒化，每天都在咆哮，令母女關係嚴重受損。

嘉嘉的焦慮和抑鬱情緒，主要是在成長階段時出現兩方面的問題：

1　依附問題

嘉嘉欠缺安全感，相信因年幼時與照顧者的分離造成的焦慮延續。根據依附理論，母親除了滿足嬰兒的本能需求外，嬰兒更需要經常跟着或黏着媽媽，母子連心。對依附行為的影響來說，滿足後者的需求遠比基本本能需求更為重要。例如被父母拒絕，這種不良的家庭經驗，有機會造成過度的分離焦慮。

2　家庭生態、氣氛和互動性

直到嘉嘉十一歲，她都沒有一個固定的照顧者，她有的是一班生活習慣和態度各不相同的照顧者。本來母親應該是

余祖堂

嘉嘉最主要的照顧者，但她卻常不在嘉嘉身邊。每當母親出現，嘉嘉便被責罵或喝叫。嘉嘉不敢肯定母親是否愛她。父親雖然很少罵她，卻不常在她身邊。星期二到星期日父親都在早上十時出外工作，直至晚上十時半。周末都不能見到父母，因為他們都在週一放假，而且他們很遲起牀。為了見父親，嘉嘉很晚才睡覺，她顯然因此睡眠不足。正因如此，每天早上六時起牀上學時，她都在沉睡狀態。嘉嘉在這種欠缺適當管教、無秩序的作息時間，和備受溺愛的成長環境下生活足足十年，這也可以理解為何她欠缺自制力和無論任何時間，沉溺於睡眠。

嘉嘉的哥哥是個沉默的人，他似乎欠缺言詞去表達自己，也不願意表達自己的看法。他其實對情境表示好奇和關切，卻在別人面前猶豫和不說話。他多數會在電話內與嫲嫲喃喃自語式交談。

　　嘉嘉的父親也傾向沉默，多數用表情表達，只在重要事情上才出聲，例如要澄清個人觀點的時候。嘉嘉的母親則較情緒化，經常說否定的話，甚麼不對，甚麼不好，甚麼情形最差。話中反映內心的負面觀感。整體來說，嘉嘉整個家庭都沒有恰當的溝通方式，他們都不善於表達自己。

如何處理嘉嘉的情緒？ —— 三個層面的介入

　　根據美國心理學家本弗芬尼的環境系統理論，可先從嘉嘉的個人層面開始，然後處理微觀層面，即她的家庭，接着是學校和朋輩關係。

1　個人層面

Ψ　孩子應該快樂生活和開心成長。以令她快樂的事物和人，去處理她的抑鬱情緒。

Ψ　成為願意陪伴她的父母，而不是只依靠家傭姐姐、祖母或外祖母。

Ψ　從壓力源中釋放出來，因為父母和兩位祖母的要求不同，令嘉嘉無所適從。另因她本身對自己要求不高，很難同時接受這麼多要求。成人要努力找出共識，對孩子的要求要盡量一致。

Ψ　確認她的情緒，容讓她有表達思想和情緒的空間。

Ψ　容許她發揮自主去選擇自己的愛好和活動，尊重她的決定。

2 家庭層面

Ψ 重建母女關係：

讓嘉嘉感受到家庭溫暖和安全感，感到愛和受重視。一個安全依附的小孩才能發展出自我概念。父母不斷嘮叨只會破壞這種互相依附的關係。除了言語上表示關心外，身體接觸例如擁抱都是很重要的。

Ψ 重建家庭功能，建立健康家庭：

a. 有秩有序的生活方式，睡覺有時，起牀有時。

b. 一起用餐，有研究證實家人一起進餐對子女的成長有正面幫助。父母可鼓勵嘉嘉參與朋輩和家庭的社交活動，從而處理她的孤獨感。

c. 製造嘉嘉與哥哥一起活動的機會，填補大家的距離。設立家庭日，父母與嘉嘉和哥哥一同享受有質素的時光。

Ψ 重建嘉嘉的自尊：

a. 尊重她，不會在她睡着時脫去她的衣服。

b. 尊重她與生與俱來的性格，不與哥哥比較，不批評，不勉強。

c. 尊重她的喜好和意願，如決定參與哪些課外活動。

d. 在小決定上給她自主的機會，聆聽她的需要，不強行把父母的希望和要求加諸在她身上，例如父母堅持報讀名校，只會令她感到沒趣，想要逃避。

3 學校層面

Ψ 讓嘉嘉表達對上學的感受。利用情感的想像減低她的恐懼感,例如學校的快樂回憶;請同學和老師都表達對她的感受;確認她在學校內的成就;建立正面的師生和同儕關係,鼓勵她回到學校。

Ψ 老師可指派嘉嘉負責一些班務,例如清潔、整理、派作業、淋花等,並且強調她所負責的工作的重要性。

Ψ 藉着鼓勵她找尋愛好,發展自己的潛質,在學校學習和培養這愛好。這樣,她的心便會牽掛學校。

Ψ 用漸進的方式鼓勵嘉嘉到學校上課。第一週准許她在午餐後回學校上課;第二週鼓勵她在小息後到達學校;第三到第四週才要求她嘗試早上到校。即使遲到,都不懲罰。不斷支持,支持,再支持,這是她能否翻身逆轉的關鍵時刻,任何形式的懲罰都會構成心理威脅,帶來焦慮和不愉快的感覺。特別對於心靈比較脆弱的孩子來說,目睹威脅來臨,必然逃跑。那麼之前安排和付出的一切,都會付諸流水。

Ψ 老師鼓勵她回到學校,見到她時,總說鼓勵和正面的話:「見到你真好!希望明天再見到你。」還可告訴她學校明天會有甚麼有趣的事情發生,吸引她回校。若父母能加以配合,在早上開心地與嘉嘉一同享受一頓豐富的早餐,令她感受溫暖和輕鬆的氣氛。當嘉嘉逐漸走近學校,父母可以鼓勵她,讓她透過一些放鬆技巧,釋放緊張情緒,循序地放下恐懼,迎接開心的讀書生活。

Ψ 校長每早晨，每黃昏，都見見嘉嘉。任何時間只要她
　肯回校，校長都歡迎她，甚至有時當所有同學都回家
　了，校長仍然留校等待她，穿着校服步入學校大門。
　校長的堅持，是要鞏固嘉嘉每一天都必須回學校的觀
　念和習慣。校長邀請班中的小天使幫嘉嘉抄寫功課
　表、收集工作紙和作業交給嘉嘉。另有同學陪伴嘉嘉
　取功課和解釋功課，早上她也可早點到達學校找他們
　問功課，同學都樂意幫助她。就這樣，嘉嘉不僅能回
　校用心上課，讀書學習，還負責在校內栽種植物，課
　後留校彈奏鋼琴。她不但重拾幾年前因抗拒而放棄了
　的鋼琴，還與同學一起作鋼琴合奏。今天，她重回生
　活正軌之後，已在該校完成初中課程。在她的個人抉
　擇下，決定留學海外，並且生活得健康快樂。

　最後嘉嘉能回到學校正常學習，順利升學，並成功留學。
她由被迫到學校去，改變成按自己的意願，比其他同學還要
早到達學校，也比任何孩子更晚離開學校，因為，學校裏，有
給她機會的校長，有積極支持她的老師，還有默默地協助她
的天使同學。她不再抗拒學校，相反地，她愛她的學校，她的
老師和她的同學。她也愛上學習，會發展她的興趣和嗜好，
建立了自信和自尊，知道自己所要的，也有能力去達到自己
的目標。固然，給她機會的校長無可厚非是她的救命恩人，
轉校成了她生命的轉捩點；她也幸運地有一位開明和聰明的
嫲嫲，懂得尋求專業人士的幫助，並且鍥而不捨，先找來學校
社工，未看見效果立即帶她去看醫生吃藥，繼而找心理學家
願意跑到她的家裏協助，嘉嘉也願意向這位心理學家開放自

己，説出難處和心事，他們都功不可沒。但是，整個轉變，及嘉嘉轉校之後的路，都絕對非任何一個人或者任何一個羣體的成就，而是以上所講述的三層面——學校、家庭和專業人士，與嘉嘉的合作，相互交流互動、實踐多種方法而成的結果。

嘉嘉上學了
她愛她的學校，她的老師和她的同學。
她也愛學習，發展她的興趣和嗜好，建立了自信和自尊，知道自己所要的，也有能力去達到自己的目標。

如何帶坤仔回到學校？—— 瓣不開的洋蔥瓣

同樣，我們一片片的瓣開洋蔥來分析坤仔的拒學個案。

尋根源：剝開洋蔥瓣

第一瓣，逐步除去其他可能的明顯原因。首先，坤仔有生理疾患，他有呼吸困難和氣管敏感。

第二瓣，他的睡眠質素也成問題，經常難以入睡，因此會晚睡，也容易醒來。

第三瓣，要研究他的成長歷程及與父母的依附關係。原來，他的父母早已離婚，他只與爸爸一起生活。由於他沒有辦法理解媽媽的離開，他把事情簡單化，認為是因那次他們

爭吵時，爸爸趕走媽媽，所以媽媽就消失了。因此，他深深地憎恨他的爸爸。但是，他卻矛盾地在情感上十分依附爸爸；也不在話下，生活上要完全依賴爸爸。這矛盾製造了他們之間不少的衝突，坤仔處理不了他隱藏的情緒……

第四瓣，在學校與老師同學的關係呢？坤仔是一名過度活躍兒，還有阿士保加症的症狀。他個子細小，手腳不靈敏，不難理解，他非常容易成為同學的笑柄，更是欺負的目標（參閱本書第七章〈欺凌的無奈〉）。他被同學打罵，也從不告訴爸爸，因為他認為連媽媽都留不下的爸爸怎麼可以保護他？

第五瓣，他喜愛的和不喜愛的課堂。他厭惡中文課，因為覺得內容太簡單，令他感到愚蠢和無聊，也浪費時間。他只喜歡科學科，因為科學老師的思維開放，也容許他發揮創造力，令他有成功感。可惜老師要結婚，會離開學校回到英國去。

第六瓣，他的整體家庭生活。他不知道媽媽去了哪裏，有時候媽媽會來電，問一會問題，傾談幾句。爸爸嘛？天天上班，回家時，只會一起吃飯，講話不多，家裏很寂靜。

第七瓣，他的整體社交生活。他討厭其他人移民。原來，他的幾位好朋友都移民了，此後，他感到十分孤獨（參閱本書第三章〈我彷彿躺臥在棺材裏！〉）。

瓣不開的洋蔥瓣──封閉的學校、權威的爸爸、受欺凌的坤仔

學校沒有諒解坤仔的心理矛盾和創傷，只管記他缺點和恐嚇他曠課的後果。他的爸爸都受到壓力，因為學校不斷提醒他孩子拒學不合法。心理學家嘗試與學校溝通，處理同學欺負事件，指要令孩子感到安心，他才會願意再上學。但是，

校方拒絕談及欺凌事件，並否定坤仔所經歷的痛。

沒有辦法的情況下，心理學家為孩子尋找別的有愛心的學校願意接受他，讓他插班，完全不計算他的學術成績。可惜，爸爸漠視孩子的心理需要，堅持要他回到國際學校去。一，因為他已支付了龐大的費用給學校，不能退還；二，爸爸認為孩子要唸國際學校，才有體面，好見人！

在種種的權力鬥爭中，孩子最終是犧牲品。他每晚繼續打機至半夜，放棄自己，令自己失敗，早上沒有辦法起牀，便不去上學。打機的日子越來越長，能夠離開這玩意的機會便越微了。兩父子的衝突亦因打機而比以往更多、更頻繁、也更激烈。

坤仔因沒有睡眠規律，質素也不好，影響身體健康；沒有其他家人或朋友溝通和支持，他的情緒每況愈下，比之前更難穩定下來。甚至與爸爸打起架來。爸爸再拿坤仔沒辦法，像不少父母，把垂死中掙扎的孩子打發到外邊去，以為是辦法。可憐坤仔與外界隔絕，內心更加痛苦，更依賴打機來打發他的歲月！

他原本唸書的學校拒絕他，他的同學排擠他，他的爸爸討厭他，以他為差辱。坤仔最後以「無聲的抗議」來繼續表達他的不滿和不快樂。

一個十分失敗的案例，學校、家庭、個人三個層面都要對此失敗負上各自的責任。

不是每一個洋蔥都可以完美地瓣開，封閉的學校，不肯溝通，逃避處理學校欺凌事件；權威的爸爸，自行決定孩子的一切，不考慮孩子的聲音和不回應；受欺凌的坤仔，不作聲

地抗議；全個洋蔥裹得實實的，誰能瓣開？

　　孩子的拒學行為，不會是單一成因做成，冰封三尺，非一日之寒。歸根究底，皆源於孩子曾經受到各式各樣、或大或小的拒絕。一個成功的案例能夠重新把孩子帶回學校，重回生活正軌顯然是學校、家庭和個體的合作成果，是各方面相互交流和互動的美麗結晶。反之，一個失敗的案例，三方面都要對失敗，負上不同程度的責任，而最終受害的孩子仍未能解結。

看得見、看不見
看得見的：孩子的生活富裕，父母無條件付出，孩子身在福中不知福。孩子不上學、沉迷打機、懶惰、反叛、不聽從父母的意思。
看不見的：孩子在家被媽媽遺棄，爸爸不理解自己，拒絕溝通，得不到父母的尊重和重視；在學校被欺凌或排擠，學習上得不到發揮和欣賞，不能夠有自己的選擇或做自己喜歡的事。孩子不知道生存的意義。

　　青少年的拒學行為源自受到各式各樣、或大或小的**拒絕**。
　　　我們該好好接納每一個獨特的他／她啊！

情緒錦囊

看、看、看

看 看看孩子的身體、思想和精神，是否都處於健康狀態。例如睡眠時間是否充足，生活作息時間是否適合他的年齡階段？

看 查看他周圍的小世界，他的第一個小世界一定是家庭。家庭成員在過去三個月內發生的任何事情，都可能引發他的負面情緒。

看 無論他是三歲還是十九歲，學齡期孩子的第二個世界必然是學校／大學校園。

留意他在校生活是否不開心，因為學習成績，還是與老師或同學的關係不好？是否有任何被欺凌的跡象？

談、談、談

談 與孩子傾談，不是直接談上學的事，而是談論父母留意到的問題，例如睡眠規律。與孩子共同制定行動計劃，例如協議上牀時間，計畫中包括如果計畫起不了作用的話，要去看醫生或見專家。私下在放鬆的狀態，輕鬆的環境下平和地交談啊，不要「講課」式地說教，不判斷，不批評。你的接納是他的生命！

談 為孩子在家庭圈子裏或親戚朋友間，尋找孩子信任的人來傾談。讓他單獨與孩子討論，第三者沒有你的投入，會相對冷靜和平和。

| 談 | 與學校老師和社工傾談。父母千萬不要抱着責怪學校的姿態，而是尋求他們對孩子的幫助和支持。告訴他們自己對孩子的觀察，並收集老師和社工在學校的觀察。有時候，孩子在學校和家裏的表現會有所不同。

學校的接納，是孩子最大的幫助。

坦誠傾談過後，知道了關鍵問題，衡量一下，倘若是自己解決不了的話，例如是精神問題，或家庭婚姻困境，盡快尋找社會和各專業人士協助。

思考課題

1. 有甚麼現實生活的因素令嘉嘉不上學？請列出三項。

   _____

2. 有甚麼心理因素令嘉嘉不上學？請列出三項。

   _____

3. 個案中有哪些關鍵人物令嘉嘉成功重回校園，回復正常生活？

   人物一：_____

   他／她做了些甚麼？對她有甚麼幫助？

   _____

   人物二：_____

   他／她做了些甚麼？對她有甚麼幫助？

   _____

   人物三：_____

   他／她做了些甚麼？對她有甚麼幫助？

   _____

4. 有甚麼現實生活的因素令坤仔不上學？請列出三項。

   _____

5. 有甚麼心理因素令坤仔不上學？請列出三項。

   _____

6. 個案中有哪些關鍵人物令坤仔無法重回校園，並且回復正常生活？

   人物一：_____

   他／她做了些甚麼？

   _____

人物二：_____

他 / 她做了些甚麼？

_____

人物三：_____

他 / 她做了些甚麼？

_____

參考書目

張春興（1989）：《張氏心理學辭典》，台北：東華書局。

李青燕（1997）：〈懼學兒童的診斷與協助〉，《諮商與輔導》，138，頁 14-18。

林少峯、黎子良（2014）：《望子成龍的迷思》，香港：中華書局。

吳武典（1985）：《青少年問題與對策》，台北：張老師出版社。

Barlow, D. H. & Beck, J. G. (1984). The psychosocial treatment of anxiety disorders: current status, future direction. In Williams, J. B., Spitzer, R. L. (Eds.). *Psychotherapy research: where are we and where should we go?*: Proceedings of the 73rd Annual Meeting of the American Psychopathological Association, New York City, March 3-5, 1983. New York: Guilford Press. pp.29-69.

Berg, I. (1997). School refusal and truancy. *Archives of Disease in Childhood, 76(2)*, 90-91.

Bernstein, G.A., Massie, E. D., Thuras, P. D., Perwien, A. R., Borchardt, C. M., Crosby, R. D. (1997). *Somatic symptoms in anxious-depressed school refusers.* J Am Acad Child Adolesc Psychiatry 1997; 36: 661-668.

Blagg, N. (1987). *School phobia and its treatment.* New York: Croom Helm.

Bowlby, J. (1973) *Separation: Anxiety & Anger* [Vol. 2 of Attachment and Loss]. London: Hogarth Press; New York: Basic Books; Harmondsworth: Penguin (1975).

Bronfenbrenner, U. (1979). *The Ecology of Human Development: Experiments by Nature and Design.* Cambridge, MA: Harvard University Press.

Heyne, D., King, N., Tonge, B. J., & Cooper, H. (2001). School refusal: Epidemiology and management. *Paediatric Drug, 3(10),* 719-732.

Johnson, A.M., Falstein, E.I., Szurek, S.A., Svendsen, M. (1941) . School phobia. *Am J Orthopsychiatry 11*:702-11.

Kearney, C. A., Silverman, W. K. (1995). Family environment of youngsters with school refusal behavior: a synopsis with implications for assessment and treatment. *Am J Family Therapy; 23:*59-72.

Kennedy, W. A. (1965). School phobia: rapid treatment of fifty cases. *J Abnormal Psychology, 70:*285-289.

Salemi, A. T., & Brown, K. M. (2003). School phobia: Implications for school health educators. *American Journal of Health Education, 34(4),* 199-205.

Stickney, M. I., & Miltenberger, R. G. (1998). School refusal behaviour: Prevalence, characteristics, and the schools' response. *Education and Treatment of Children, 21(2),* 160-170.

圖畫提供

頁 183、194、195　　　余祖堂，輕度智障與自閉青年
頁 187　　　　　　　　古頌一，9 歲
頁 191、200、203、204　鄺司睿，青年女子，自小診斷智力障礙與自閉症

茵茵是一個十三歲的女孩，她很外向，在學校裏有很多朋友，又是排球校隊隊員。大約一年前她退出了排球校隊，放學後她會呆在家裏，不再約見朋友。每當媽媽離家，茵茵都會用手機不停打電話給她。

茵茵的問題始於大約一年前的一次創傷經歷。茵茵跟媽媽上完親子興趣班後，在長沙灣乘坐開往何文田的巴士。未幾她們的巴士在附近發生嚴重交通意外，巴士失控衝上行人路，巴士上蓋被大廈的石屎騎樓劏開。茵茵與媽媽當時坐在巴士上層中間位置，兩人都受了傷。媽媽一向要求茵茵不要坐近窗邊，由她來坐，結果她受傷更嚴重。而最影響茵茵的是她親眼看到巴士上第五排的一位女士被簷篷擊中，即時證實死亡。根據父母觀察，意外後茵茵經常發噩夢，茵茵也表示自己睡眠質素不佳，經常「唔夠精神」，影響生活及課堂表現。

茵茵有時會突然在腦海中重演意外時的感受和影像，如同再次身歷其境，重複車禍的感官印象（包括影像、氣味和身體感受）。她曾嘗試再乘坐巴士，卻出現冒汗、心悸、呼吸困難和手震的反應，令她不敢再試。

事故發生後，茵茵甚至害怕走在街上，因為她知道當天有兩名途人被那輛巴士撞死。每當走在路上，她都會說：「到處都有瘋狂的司機。」，她擔心自己會被巴士撞倒。每當她離家，都堅持要媽媽跟她一起去，當媽媽不在視線範圍內，她會變得非常焦慮。故此雖然她已經就讀中一，卻不介意媽媽接送放學。茵茵不斷發有關車禍的噩夢已超過一個月，事故的情境

一直在她的腦海浮現。當她聽到汽車喇叭聲或看到有
關汽車事故的新聞時，會感到非常焦慮。她不再觀看
任何關於車禍的新聞或電視節目。

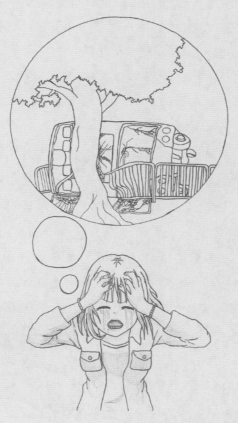

余祖堂

　　小儀和小清是孖生姊妹，在同一所國際學校唸書。兩人都讀中一B班。小清因為長期遭受校園欺凌，一直都很不開心。

　　一天早上，早會前，中一B班的同學都趕往禮堂，圖書館裏只剩下小儀和小清兩人。小儀正在安慰剛剛被同學欺凌的小清，但小清突然情緒激動，大喊：「I hate my life!」，然後衝出圖書館，從五樓走廊跳下自殺。小儀聽到「嘭」的一聲巨響，趕忙跑到走廊向下望，驚見小清倒臥在一片血泊中！三日後，小清去世了。小儀因當時目睹整個過程，受到嚴重驚嚇之餘，自責未能阻止小清走上絕路。她感到非常痛苦，小清經常在她的噩夢中出現，更會重複聽到她在圖書館內所說的話：「I hate my life!」小儀拒絕向別人談論發生的事，但是上美術課畫畫時會在畫作中表現出來。小儀經常夢見「怪物」追殺妹妹小清。自此之後她不想參加任何運動或課外活動，她經常無緣無故發脾氣，並在學校與其他同學打架，特別是那幾位曾欺凌妹妹的同學。放學回家後，她只會獨自獃在房間裏。小儀更因目擊妹妹跳樓自殺而害怕血及畏高，情緒大受打擊，經常自責，思想變得負面。晚上亦難以入睡，經常發噩夢，在夢中不斷重複經歷那慘痛的事件。

創傷不但是一種經驗，而且會影響一個人的信念，
而正面或負面的信念正是影響了一個人的人生觀。

林少峯

受創的青少年

在學的青少年也會經歷創傷嗎？年紀小小也會精神健康
出問題嗎？

精神障礙中，有 75% 的人會在二十四歲前開始發病，並
且對其整個生命週期都有明顯的負面影響，包括個人發展、生
活質量以及在不同生活階段患者能否充分參與社區的能力等。
混合性焦慮和抑鬱症是成年後最普遍的精神障礙，以 2013 年
為例，香港有 10% 的年輕人與混合性焦慮和抑鬱症搏鬥。

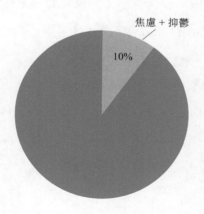

　　美國在過去十年，生活中的暴力行為或關係對不少美國的青少年造成極大傷害。研究發現有 16% 的男孩和 19% 的女孩有創傷後壓力失調症（Post-Traumatic Stress Disorder），簡稱 PTSD，病情嚴重的會誘發抑鬱或藥物濫用。目睹暴力、身體虐待或性虐待的行為大大增加了焦慮和抑鬱症的風險。

　　南卡羅萊納州醫科大學國家犯罪受害者研究和治療中心曾訪問超過 4,000 名十二至十七歲的年輕人。這些青少年在過去六個月，有 7.4% 的男孩和 13.9% 的女孩符合嚴重抑鬱的標準。2003 年，有 8.2% 的男孩曾濫用藥物或對藥物依賴，女孩則為 6.2%。差不多 4% 的男孩和超過 6% 的女孩符合創傷後壓力失調症的診斷標準。十分之四的青少年受訪者表示，他們曾親身經歷或目睹了暴力這些青少年患創傷後壓力失調症的風險更高。數據證實大部分美國年輕人曾經歷創傷事件，並因此出現重大的情緒反應。執行這研究的基爾帕特里克博士（Dr. Kilpatrick）說：「青少年患上創傷後壓力失調症的盛行率絕對令人擔憂。」

　　2020 年香港大學公共衛生學院暨香港大學精神病學系醫學院發表研究結果，2019 年因社會事件持續，疑似 PTSD 的患病率為 11-14%。相比 2009-2014 年只有 2% 和 2017 年的 5-7%，社會運動明顯令精神病患者數目急劇上升。研究並且證實年齡、性別、受教育程度或家庭收入等與 PTSD 和抑鬱症均無關，而社交媒體的大量使用則相關（參閱本書第五章〈「機」不可失〉）。雖然這研究不是針對青少年，但也可以從這整體數字中窺探一二。近年精神科醫生的病人亦突然以年青人居多。

創傷不僅會影響年青人發育中的的大腦，而且創傷性壓力對男孩和女孩的大腦發育的影響也大不相同。奇怪的是，為甚麼並非所有經歷過創傷的人，都會患上創傷後壓力失調症？

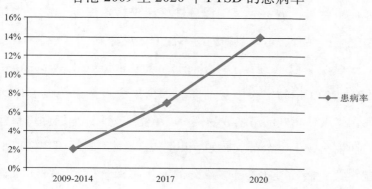

香港 2009 至 2020 年 PTSD 的患病率

甚麼是創傷？

創傷可包括意外、天災、戰爭、性侵害，及目擊重大事件等。經歷創傷後會產生不同的壓力，我們需要適度處理。當人類遇到危險的情況時，會觸發身體進行自我防禦或逃脫的行為，這是一種被稱為「戰鬥或逃跑」的反應。如果幾種創傷同時出現，導致自我防衛都受到破壞，會連戰鬥或逃跑的能力都沒有。經歷過重大創傷事件可能會出現害怕、無助感或恐怖感的反應，隨後表現下列三大類症狀：

1. 此創傷壓力事件經由夢境或回憶持續重現而再體驗
2. 對創傷相關的刺激產生逃避及反應麻木
3. 持續提高警覺性

　　若以上的徵狀造成人際社會功能受損，而且持續一個月以上，則稱為創傷後壓力失調症。

　　生活中曾遭受創傷性壓力的都會承受事後與創傷事件相關的「侵入性」思想。這些「侵入性」的症狀，包括反覆的、非自願的痛苦記憶，以及強烈而長時間的心理和生理反應，即使事件早已過去了，創傷事件好像仍在不停發生。這些都是經歷創傷者所不想要和絕對不歡迎的反應。

　　根據美國心理學會（American Psychological Association, APA）2013 年的定義，受創傷的青少年會盡量避免接觸任何與創傷事件相關的環境或物件，以免受到刺激，他們會經歷思想和情緒變化，持續不斷喚起相關記憶。神經科學研究發現，創傷後大腦島葉（insula）部分的變化不僅會助長 PTSD 的發展，而且還令其持續。同時，遭受創傷的女孩普遍較男孩容易患上 PTSD，但直到現在，科學家仍無法查明原因。

　　在學的青少年經歷創傷後，會出現不同症狀包括：上課無法集中精神、注意力有障礙、突然重現創傷的記憶（flashback）、過度警惕、有極端情緒和分離恐懼。

　　茵茵和小儀各自經歷了嚴重創傷後，出現了眾多症狀：

1　重新體驗

　　茵茵和小儀都各自在意外後有重新體驗的經歷，她們都觸景傷情，覺得遭遇歷歷在目。當茵茵再聽到新聞提及巴士意外，小儀聽到新聞提及有人跳樓，她們便立刻勾起當日的片段，眼淚便停不了的流下來。

2 發噩夢

PTSD 患者往往會發噩夢。實際上，研究表明，創傷後壓力失調症患者中約有 71%-96% 會發噩夢。創傷事件後經歷的噩夢可能是事件的重演，但並非總是如此。研究還發現，與創傷有關的噩夢與其他噩夢有所不同，因為它們可能發生在夜間比較早的時間。另外，與創傷有關的噩夢通常會令患者有更多的身體擺動，甚至大叫。小儀家長表示小儀自事發後晚晚噩夢不斷，從夢中驚醒大喊，常說夢見小清自殺的情境，令她十分困擾。

3 突然重現的創傷記憶

茵茵在創傷事件發生後，不斷發生畫面「突然重現」，她覺得自己仍然活在創傷中，好像見到、聽到巴士的撞車聲，令她不自主和無意識地再次思考創傷的事件。

有相關經歷的人描述突然重現為「醒來的噩夢」，會重新出現創傷事件或經歷，而且通常是反覆發生的。突然重現往往沒有可識別的觸發點，突如其來，他們會感到那些畫面是不可控制和壓倒性的。

小儀說即使在上堂時都會發生突然重現，感覺好像事件再次發生，令她難以跟現實區分。因為突然重現可以帶來與創傷事件幾乎相同的感覺，例如某些聲音、氣味和體內的物理感覺。

4 逃避

小儀說她會逃避學校的活動，接近學校的地點都有想逃走的感覺，甚至逃避跟別人談起那件事情。她說有時會對當日發生的事短暫失憶，會有意無意「嘗試把事件從我腦海中刪除」。上課時，雖然眼望着老師和匯報，卻不知道他在說甚麼，完全聽不明白。當她用電腦做功課時望住屏幕，卻完全看不懂，無法集中。

經歷創傷後，倖存者會認為這世界是危險的，潛意識會避免接觸任何與創傷相關的活動及想法，避免受到任何刺激。

為了避免發生這種情況，青少年可能會刻意令自己非常忙碌，以分散對創傷的任何潛在提示。茵茵因車禍不敢再乘坐巴士，甚至害怕其他於路面行駛的車輛，不敢踏足深水埗，特別是發生車禍的路段，認為「坐車都會有危險」，寧可花更多時間去改乘其他交通工具。還會避免談論有關車禍的新聞，而且顯得情緒低落。小儀則感覺到自己與他人疏離（detachment），會疏遠現有的朋友和拒絕結交陌生人。她寧可經常獨自留在家中，變得比以前沉默，不愛說話，不參與羣體生活，沒法投入社交生活，更失去對排球的興趣，拒絕參與排球隊一切的活動。小儀經常情緒低落，容易焦慮緊張，看到媒體有關死亡的報導，會躲在一旁。自從事件發生後，她不願意走近學校五樓，當她行到四樓時，身體已感到焦慮。若有人把電梯停在五樓，她會急忙按鍵把電梯門關上。

呀！呀！走開呀！

森馬（陳嘉誠老師）

5 超警覺

　　用「驚弓之鳥」來形容經歷創傷的人最貼切，他們常常處於戒備狀態，難以放鬆。當茵茵走在路上時，常常留意周圍環境，以及陌生人的行為。當感到有車輛接近自己，便立即走入商場或店舖。她說會不期然地處於長期緊張和戒備狀態。當車輛突然發出煞車聲，她會驚慌到要反胃，出現呼吸困難，甚至全身抽搐。

　　坐在小儀旁的同學看到小儀「眼光光」，上課不集中的時候，嘗試拍拍她，她就大叫起來。小儀害怕突然的巨大聲響，會回憶起妹妹跳樓時「嘭」的一聲，而事件後，她害怕血紅色的東西，看見別人流血會失控尖叫和哭泣。入睡後老是發噩夢，難以放鬆，導致失眠，即使睡着也容易嚇醒。

這種過度警覺增加了焦慮感,這會使青少年感到需要不斷檢查周圍環境是否存在潛在威脅。創傷事件令大腦發生變化,杏仁核變得過度活躍,在創傷事件結束後很長時間仍保持過度活躍。

6　負向認知

對自己失去信心和能力感,對別人不信任,對世界充滿失望和悲情,他們只看到黑暗的一面,例如茵茵覺得世界已不再是一個安全的地方,馬路危機四伏。司機隨時因為各種原因例如急病,睡着了或喝了酒導致失智不清。她把自己的應對能力調到最低,而把危險放到最大。小儀則覺得學校危機四伏,同學互相欺凌,老師無力處理,故此留在家中最安全。

7　情緒麻木

對事物失去興趣,對人產生疏離感,情緒反應局限。茵茵和小儀都因創傷而變得沉默寡言,抗拒和別人接觸。茵茵怕會再經歷交通意外,小儀怕失去親人的傷痛 ,兩人都有社交退縮行為,對別人充滿疏離感,情緒也十分局限。對愛和被愛都十分陌生,對未來更不存希望和夢想,甚至覺得自己已經來日無多。

創傷了的腦袋

　　PTSD 的患者中，其杏仁核和海馬體會過度活躍，前額葉皮層則趨向於變得不太活躍。前額葉皮層負責情緒調節、行為和衝動控制。活動不足的前額葉皮層通常會導致情緒低落、易怒和社交退縮。這些化學變化與抑鬱症的症狀相類似，故此不少被診斷為 PTSD 的青少年也同時被診斷為有嚴重抑鬱。

　　2017 年史丹福大學醫學院的一項青少年研究發現，經歷過與沒有經歷的男女，島葉（Insula）的體積和面積都存在差異。島葉是埋在大腦皮層深處的一個區域，在感知處理（針對體內的感官信息的關注程度）、情緒調節和自我意識中起着關鍵作用。參與這項研究的九至十七歲青少年中，半數出現 PTSD 症狀。研究人員使用結構性磁共振成像（sMRI）掃描參與者的大腦作比較。健康的男孩和女孩的大腦沒有結構上的差異，但是曾受創傷的青少年中，男孩的島葉體積和面積比健康的男孩大，而曾受創傷的女孩的島葉體積和面積則比健康的女孩小。隨年齡增長，島葉的體積會減少，患有 PTSD 的女孩的島葉體積減少，表明這部分的大腦提早衰老。研究證明環境壓力會轉化為神經生物學變化，而這些變化在兩性之間是不同的，這意味着針對 PTSD 應考慮個體情境包括性別，來進行治療和介入。

創傷的前因後果

　　每個人都會有機會經歷創傷，有些人會受到重大打擊，一蹶不振，有些人則可以從中學習，並且能越過逆境。

過去的經驗

　　以往的創傷經驗會嚴重影響往後的反應。這便是「一朝被蛇咬，十年怕草繩」的意思。故此創傷是經驗，如何處理這經驗便是一種學問。有人可以從經驗中學懂如何面對，懂得在逆境中自強，但有人卻一次跌倒便一蹶不振。茵茵和小儀的經驗是痛苦的，令她們都患上了創傷後壓力失調症。但若果兩人能夠從中汲取教訓，她們會比其他人更懂得應付往後突發的事件。

過去的信念

　　創傷不但是一種經驗，而且是會影響一個人的信念，而正面或負面的信念正是影響了一個人的人生觀。持正面信念的人看創傷是暫時的，逆境終必過去，相反，持負面信念的人則看創傷是永久的。持正面信念的人看創傷是特定的，例如他們會覺得遇上交通意外是一件不幸的事，但並非等於自己的整個人生，還有好的家庭，好的事業。相反，持負面信念的人遇到了創傷卻認為這就是整個人生，這件事不好即代表我樣樣事都不好。

客觀分析

　　我們應該客觀地分析事情，例如事件本身的嚴重性多大？造成的打擊有多大？是獨立事件還是會有其他牽連？只影響你還是影響更多人？同時間只發生一件創傷事件，還是數件事件同時發生？事件會很快平息，還是會持續很久？

　　當然要受創傷的人客觀地分析事件並非不可能，但也有一定的難度。他們有機會誇大受創傷的情況，甚至把創傷看成十級的災難性事件，例如：「我這一生都在吸引災難」或「壞事總是發生在我身上。」這種評估不但會產生恐懼，還在迴避問題，這種恐懼感便正好發生在茵茵和小儀身上。茵茵因恐懼而不敢接近巴士和出事的街道，而小儀則對出事的五樓圖書館產生恐懼。

信念如何被扭曲？

　　受到過去的經驗和信念影響，一個人會採用相同或不同的策略去應付面前的各種事情。若他們以往的經驗和信念都是正面的，他們也會樂於再用此等策略，相反，若他們在上一次得着不好的經驗，他們會嘗試採用另外的方法去解決問題。

　　從下圖改編自 Ehlers & Clark 的模型中顯示,創傷後得出來的負向經驗,慢慢會扭曲一個人的信念,甚至影響了一個人的人生觀。個案中的茵茵和小儀都因為經歷了創傷,而慢慢培養出扭曲的思考模式。

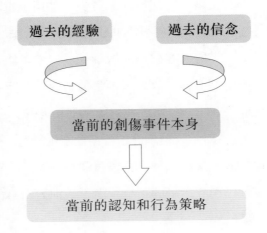

認知扭曲

　　認知扭曲也被稱為非理性思想,是指我們將事情極端誇大或推向負面思維,例如:

Ψ 愛把事情看成是非黑即白,兩極化好與壞:「我準時交功課,所以我是好學生;他昨天遲交作業,是個懶惰失責的學生。」

Ψ 傾向於預計事情會越來越差,直至災難發生。例如:「我知道情況會越來越差,現在是英文科不合格,遲一點,中文、數學、物理、化學都會不合格。跟着便是留級……」

Ψ 會以單一或少數同類事件為準則而作出結論。例如：
「我 DSE 考得差，爸媽一定會怪我一世。」

Ψ 總是僵化地標籤自己。例如：「我和一個廢人有何分別呢！」

PTSD vs 抑鬱症

抑鬱也可能是創傷或壓力事件後的常見反應，因此這兩種情況可能會同時發生。每個人都會不時感到難過，但是沮喪與不快樂或難過是不同的。兒童和青少年仍在成長階段，患上抑鬱症都未必明白是甚麼一回事，因此家長和老師要留心他們情緒和行為上的改變，大部分情況下都是有跡可尋的。

兒童和青少年患上抑鬱症的表徵

	兒童	青少年
身體變化	Ψ 身體經常不適 Ψ 肚痛 Ψ 頭痛	Ψ 身體經常不適 Ψ 疲勞 Ψ 體重突然增加或減少
情緒	Ψ 易怒	Ψ 情緒低落 Ψ 絕望感
思想	Ψ 消極	Ψ 自卑感 Ψ 失自信 Ψ 消極
行為	Ψ 反叛和對抗 Ψ 有破壞性行為 Ψ 打架	Ψ 社交上退縮 Ψ 成績變差 Ψ 拒絕上學 Ψ 出現自殘行為 Ψ 有自殺念頭或企圖自殺 Ψ 拒絕上學 Ψ 故意的自殘行為 Ψ 企圖自殺

　　兒童和青少年的抑鬱徵狀有重複的地方，亦有加劇的部分。他們都會經常身體不適，而青少年因受賀爾蒙影響，體重會突然增加或突然減少。青少年的情緒更有如坐過山車一樣，一天內可以大起大跌，比兒童的情緒更錯綜複雜，會出現自卑、消極甚至絕望感。在小儀的個案中，她成績一路向下，欠交功課，默書零分，排斥老師，避開同學。抑鬱和絕望感與自殘和自殺危機緊扣，此等自毀行為在青少年期漸見普遍，實在令人擔憂（參閱本書第四章〈鎅手不痛，因為我的心更痛〉）。

遺傳學可能起作用

PTSD 和抑鬱症的發展都涉及某種遺傳因素。遺傳因素在這兩種情況的同時發生中也可能起一定作用。研究顯示近半患有或首患有 PTSD 的人更容易患有抑鬱症，而同樣，患有抑鬱性情緒障礙的人也更有可能經歷更多的焦慮或壓力，甚至創傷。此外 PTSD 患者跟沒有經歷 PTSD 的人比較，前者患抑鬱症的可能性高出三到五倍。專家對 PTSD 和抑鬱症普遍使用相同的治療方法，包括精神科醫生處方藥、心理學家的談話治療、小組治療和生活方式改善等。

持正面信念的人看創傷是暫時的，逆境終必過去，
持負面信念的人則看創傷是永久的。

黎子良

與她同行 100 天

患上 PTSD 或抑鬱症都是精神十分脆弱的時刻，需要很多的支持、關心、照顧和鼓勵，還要給予他們時間和空間來重建自我。

1　現實生活的調適

在學的青少年患者難以集中精神上課，注意力有障礙，難以完成作業或參加考試。大家可以向學校求助，提出特別安排，讓青少年患者有更多時間完成家庭作業，同時，學校重新安排考試。但是，需要向精神科醫生尋求診斷證明書才能接受申請。

2　持續的支持和關懷

幫助青少年的最佳方法是陪伴，使他們不再孤單，也感到安全。陪伴的目的不是為了去了解問題，也不是去糾正他們的錯誤，而是一種支持的方法，向青少年表明若他們需要，隨時可以來找你。

每天嘗試找機會與他們交談，試試找出青少年有興趣的話題，盡量讓他們暢所欲言。

忌諱一　不爭論一些原則性的問題。

忌諱二　不要求解釋，因為他們根本沒有答案。

忌諱三　不說教，只聆聽，只作表示明白和理解的回應。

3　協助青少年重建朋輩關係

青少年遇上創傷事件，會傾向逃避和退縮，不希望看到任何人，不想做任何事，有時候甚至連早上起牀都會感到困難。但為了避免他們跌入抑鬱症的黑洞，盡量不要讓他們孤立自己，否則只會令情況更加惡化。父母或師長可嘗試鼓勵青少

年保持社交狀態。你會發現，當他們與其他人建立聯繫時，他們的樂觀心情會開始增強。鼓勵他們找那些正面、樂觀和積極的朋友作面對面交流，避開那些負面、悲觀和消極的朋友，他們只會令人再次沉淪。可以主動邀請朋輩到家中玩樂，又或安排行山、音樂會等活動。鼓勵他們選擇再做過去曾經喜歡的活動，無論是運動、美術、舞蹈或音樂課。剛開始時他們可能沒有動力，但是當他們再次參與時，他們的心情和熱情就會開始增強。

幫助別人是一種令人遠離抑鬱的靈丹妙藥，鼓勵青少年當義工，服務別人可以令他們與其他人和整個世界重新建立聯繫，並讓他們知道自己能有所作為，而非一無是處。

鼓勵青少年減少使用社交媒體。雖然網絡世界會暫時令人興奮，但實際上可能會令人感到空虛、孤立，例如在社交媒體上與其他人比較，想得到別人更多的「like」卻不成功。我們經常在網上看到別人充滿吃喝玩樂的信息，以為人人都幸福快樂，事實上很多人都報喜不報憂，未能看到人們真實的一面。因此，在線與朋友互動是無法替代面對面的聯繫。朋友之間的眼神交流或擁抱都是真實的感覺，是虛擬世界所望塵莫及的。

青少年在人生階段中，正在尋求自我意識，能夠與他人相處，是重要的人生任務。與朋輩的互動經歷可以幫助預防抑鬱症，因為友誼有助於建立健康的生活方式，以應對情緒困擾和挫折。

4 鼓勵青少年建立良好的健康生活

在飲食、運動和睡眠三方面若能保持良好習慣，會降低抑鬱症的風險。

保持均衡飲食，定時定量，減少進食不健康的食物。以下物質有助於控制抑鬱症：

a. 多吃水果、蔬菜、豆類、全麥、堅果和種子

b. 限制攝入加工食品如午餐肉、火腿、香腸、煙肉等

c. 吃有益健康的營養食品加強成長如牛奶、豆奶、雞蛋、新鮮肉類和蔬果等。

d. 適量飲用咖啡及茶，過多咖啡因會導致焦慮、緊張和情緒波動

e. 適量飲用綠茶，綠茶含有稱為茶氨酸的氨基酸，是一種抗抑鬱的抗氧化劑，可以對抗抑鬱症和抵抗壓力

5 建立良好的運動習慣

運動會釋放人體的內在化學物質，稱為安多芬，它是大腦中強大的化學物質，可激發精神並使人感覺良好。運動還會刺激稱為神經營養或生長因子的蛋白質釋放出來，令神經細胞生長，並建立新的連接，腦功能的改善使人感覺更好。在抑鬱症患者中，神經科學家注意到大腦中的海馬區（有助於調節情緒的區域）較小。運動有助於海馬區神經細胞的生長，改善神經細胞的連接，有助緩解抑鬱症。

青少年不必每天跑步三英里，定期散步已經可以促進心理健康。如果他們對運動不感興趣，鼓勵作其他鍛鍊或活動，例如跳舞或遛狗。

6　促進青少年健康的睡眠習慣

　　睡眠與抑鬱症之間的關係很複雜，抑鬱症可能會導致睡眠問題，而睡眠問題也可能會引致抑鬱症。失眠在抑鬱症患者中非常普遍。與睡眠質量好的人相比，失眠症的人患抑鬱症的風險高十倍。沮喪的人可能遭受一系列失眠症狀的困擾，包括入睡困難、難以持續入睡和白天嗜睡等。

　　睡眠與健康飲食和定期運動同樣重要。大腦在睡眠狀態下會保持活躍，包括鞏固記憶並處理情緒，令細胞活躍並清除會減慢或損害大腦功能的廢物堆積。

　　在青春期，青少年的大腦仍在發育，睡眠對於健康的大腦發育至關重要。大腦的前額葉皮層負責複雜的思維和決策以及情緒調節。若睡眠不足，此部分的工作特別受影響，容易出現情緒問題，包括煩躁、消極的態度和看法、無法控制情緒、抑鬱、焦慮和出現自殺念頭。

a. 與青少年一起設定時間表，設定有規律的入睡和起牀時間，令他們每晚能得到充足睡眠。 將睡眠放在優先的位置，避免深夜才做功課和溫習。青少年溫習得太晚會影響第二天的學習效果，也會影響測驗考試的表現。幫助青少年在日間騰出時間做功課，避免與常規就寢時間競爭。

b. 電子產品會嚴重影響青少年的睡眠質素。最有效的方法是共同定下最後使用手機和電腦的時間（參閱本書第五章〈「機」不可失〉），每天到了設定時間，全屋的互聯網連線會自動關上。

c. 睡前四個小時內不要運動。運動會提高體溫，這會使青少年太過活躍，阻礙了他們放鬆睡眠的能力。

總結

每個人在不同時期都有可能經歷創傷，青少年人也不例外。關鍵在於能否阻止創傷加劇而形成創傷後壓力失調。PTSD 的形成與否，一方面是過去的創傷有否給與正面的學習機會，還是形成了沉重的負面信念。另一方面，當前創傷的嚴重性和持久性，以及如何去看待和面對當前的創傷都同樣重要。

創傷是危機，有危便有機。致力強化青少年的抗逆能力，積極建立安全保護他們成長的家。

黎子良

情緒錦囊

在學的青少年經歷創傷後，自我防衛機制受到破壞，連戰鬥或逃跑的能力都沒有，創傷記憶會突然重現，顯得過度警惕、害怕、無助、不安、焦慮，令他們上課不能集中精神，注意力有障礙，學業受嚴重影響。

陪伴　要安靜，令他們感到安全和療癒；

聆聽　要用心，分擔他們的無助和壓力；

重整　友愛要重建，自我價值與信念更要時間和空間來重整。

思考課題

1. 列出三項你個人認為是生命中創傷的事件。

   a. _____

   b. _____

   c. _____

2. 以茵茵的個案為例，列出她的三個創傷徵狀。

   a. _____

   b. _____

   c. _____

3. 青少年的抑鬱症都有跡可尋，寫出其中三個特徵。

   a. _____

   b. _____

   c. _____

4. 舉出三種你可能會有的認知扭曲。

   a. _____

   b. _____

   c. _____

5. 寫出三個協助青少年重建朋輩關係的實際方法。

   a. _____

   b. _____

   c. _____

6. 寫出三個幫助青少年的學業重回正軌的方法。

   a. _____

   b. _____

   c. _____

參考書目

江秋樺、劉惠娜 (1996)：一位憂鬱自傷個案的輔導。雲嘉特教，頁
12-19。

林少峯 (2017)：《自殺？他殺？青少年為何走上絕路？》增訂版，香港：
中華書局。

社會福利署 (2004)：《齊來抗憂谷──如何支援青少年抑鬱症、自殘行
為及負面情緒資源冊》，香港。

香港浸信會愛羣社會服務處 (2018)：《香港小學生抑鬱狀況調查 2018》。
擷 取 自 網 頁：https://www.bokss.org.hk/content/press/88/20181208-
Buddies_pc2018_release_1209_final.pdf 瀏覽日期：2020.1.24。

香港青年協會 (2017)：《關注青少年憂鬱情緒──校園工作手冊》，香港。

洪雅鳳、羅皓誠 (2007)：青少年憂鬱症狀之人際心理治療。《諮商與輔
導》，255，頁 34-39。

崔永豪 (2018)：創傷後壓力症 (創傷後應激障礙)，青山醫院精神健康
學 院， 檢 自 http://www3.ha.org.hk/cph/imh/mhi/article_02_03_07_chi.
asp，瀏覽日期：2020.1.2。

蔡憲國、林聖峰 (2006)：運動與情緒的調適，大專體育，(82)，頁 141-
146。

優質教育基金贊助 (2011)：《抑鬱症與認知行為治療》，香港。

Childhood & Adolescent PTSD。PTSD 的治療方法。檢自：https://
childhoodptsd.weebly.com/24310382632629238706278 61.html

Stuart S. & Robertson M. 著；唐子俊、唐慧芳、黃詩殷、戴谷霖譯
(2006)：《憂鬱症最新療法──人際心理治療的理論與實務》，台灣。

American Psychiatric Association (2013). *Diagnostic and statistical manual
of mental disorders.* 5th Edition. Arlington, VA: American Psychiatric
Publishing.

Dietrich, A., & McDaniel, W. F. (2004). Endocannabinoids and exercise.

British Journal of Sports Medicine, 38, pp.536-541.

Ehlers, A., & Clark, D. M. (2000). A cognitive model of persistent posttraumatic stress disorder. *Behaviour Research. and Therapy*, 38, pp.319-345.

Hanson, R. F., Borntrager, C., Self-Brown, S., Kilpatrick, D. G., Saunders, B. E., Resnick, H. S., Amstadter, A. (2008). Relations among Gender, Violence Exposure, and Mental Health: The National Survey of Adolescents. *The American Journal of Orthopsychiatry, 78(3)* , pp. 313-321.

Henderson, S. W., & Martin, A. (2014). Case formulation and integration of information in child and adolescent mental health. IACAPAP e-Textbook of Child and Adolescent Mental Health. Geneva: International Association for Child and Adolescent Psychiatry and Allied Professions.

Kilpatrick, D. G., Ruggiero, K. J., Acierno, R., Saunders, B. E., Resnick, H. S., & Best, C. L. (2003). Violence and risk of PTSD, major depression, substance abuse/dependence, and comorbidity: Results from the National Survey of Adolescents. *Journal of Consulting and Clinical Psychology, 71*(4), 692-700.

Klabunde, M., Weems, C. F., Raman, M., & Carrion, V. (2017). The moderating effects of sex on insula subdivision structure in youth with posttraumatic stress symptoms. *Depression and Anxiety 34*, pp. 51-58.

Shaw, P., Kabani, N. J., Lerch, J. P., Eckstrand, K., Lenroot, R., Gogtay, N., Greenstein, D., Clasen, L, Evans, A., Rapoport, J. L., Giedd, J. N., Wise, S. P. (2008). Neurodevelopmental Trajectories of the Human Cerebral Cortex. *Journal of Neuroscience, 28(14)*, pp. 3586-3594.

圖畫提供

頁 211、213　　　　　　余祖堂，輕度智障與自閉青年

頁 221　　　　　　　　　Summer, D.（森馬，陳嘉誠老師）
　　　　　　　　　　　　[@damienforestartist](2020).The Hatees
　　　　　　　　　　　　Comics. Retrieved from https://www.
　　　　　　　　　　　　instagram.com/damienforestartist

頁 215、229、234、235　鄺司睿，青年女子，自小診斷智力障礙與自閉
　　　　　　　　　　　　症

第十章

無聲的抗議

　　娜娜一進來，摸不着頭，劈頭便說：「為甚麼你要找我對話？我做錯事了？」

　　心理學家輕輕拍拍她的肩膊，說：「不是。我知道你和爸媽的事，覺得有點嚴重，看看有甚麼可以幫忙的？」

　　娜娜：「沒有甚麼發生，只是沒有跟他們講話三個月了。也蠻好的！因為沒有溝通，便沒有對罵，沒有爭吵！好寧靜。」

　　心理學家：「為甚麼不跟他們說話三個月了呢？同一屋簷下，怎樣可能呢？發生了甚麼問題令你們不講話？如何生活在一起？」

　　娜娜：「從來，尤其是我的爸爸，他關心我嗎？沒有。他了解我的需要嗎？沒有。他一開口便是訓話：『你應該這樣那樣，你不應該這樣那樣……』好煩！」那不是溝通，不是關心，更不是了解。還有，我最討厭他故意忽視我，不放我在眼內，喬裝聽不到我說話，不面對我的發言，不回應我的問題，不理會我的要求……這算甚麼？」

＊　　　　＊　　　　＊

　　子莊是家中獨女，她十分孤獨，經常跑到心理學家面前哭訴。不因為家裏資源短缺，不因唸書成績差，也不因為父母疏忽照顧或有限供應她的需要，而是她認為無人能夠真正了解明白她的感受和心靈上的需要。她性格相當內斂，一切大小事情都自己收藏起來。

　　她說她試圖與媽媽交心，就是失敗！難過至極！

因為，無論告訴她甚麼，之後都會成為媽媽罵她和判斷她的話柄。更痛。

　　娜娜的媽媽經常喬裝聽不見娜娜說話，而選擇性地不回應。因為她討厭她的要求，也着實不懂得如何處理和回應。而爸爸呢？他選擇不回應，以「對着幹」的態度回應女兒，像是告訴她：「看我的本領，我有的是能力和權力。我有我宗旨，你喜歡說甚麼也沒有所謂！」爸爸經常喬裝女兒無論說甚麼，並不會影響自己的決定和心情。

　　娜娜的父母都在不同的情況下保持沉默，各有不同原因。這令孩子反感和抗拒，因為她感受不到父母對自己的尊重和愛護。

　　對啊！這算甚麼？在心理學我們稱之為「被動的攻擊」行為。

「被動的攻擊」行為

　　「被動攻擊」行為（Passive aggressive）是一種否定對方的態度，這是一種間接的侵略性行為，負面地使用不表達和不說話來抵制其他人的要求。也許是一個回應，也許是一個接受，或是一個買東西的決定。所以，這可以是發生於物質或者非物質的需求時，其中一方採取的負面態度和行為。被動攻擊是一種間接的侵略性行為。被動攻擊／侵略的家庭成員經常會抵制家人和其他人的要求，往往通過拖延、執拗，或者固執的態度來行事。

I. 爸爸的沉默攻擊

娜娜的爸爸經常愛理不理她的要求，例如要他在手冊上簽名，或徵求他同意參加學校特別安排的校際比賽或活動等。他總是眼睛朝另一方向看過去，不回答也不點頭，沒有說反對，也沒有表示同意。在他的角度來說，這是他行使他的權力的時候，表現給孩子看和向她示威。結果孩子感到沮喪並懊惱，還會激起怒氣等負面情緒。因為她的自尊受到質疑和傷害，也對事情完全沒有處理，甚至壞事。一天又一天過去，孩子會問：「我如何準時向學校交代呢？」

被動攻擊行為有兩個重要的元素：1）是存有敵意的；2）是間接的表達，例如通過拖延、頑固、不理睬的行為，或明確地故意把要完成的任務重複地做壞了或拖垮了，即俗話說的「玩嘢」。

常聽到別人苦惱地控訴，口邊掛上「好、好、好」，甚麼都說「是、是、是」，不過行動上卻明明在「反抗、反抗、反抗」。他們總是受害者，經常以被動的侵略行為發脾氣，認為他們受到不公平的對待。如果你生氣，因為他們經常遲到，他們會還擊，因為在他們看來，他們遲到是有「偉大」、「合理」的理由。例如，娜娜的爸爸會說：「我是爸爸，要賺錢上班為重，你們用的錢都是我賺回來的，遲了收工，難道也是我的錯？」對，都是別人的錯。他們永遠是你不合理期望的無辜受害者。他們會刻意忽略你的要求，拖延大家的決定，還會否認自己的責任。他們會說：「那又有甚麼問題呢？」

首先，經常有被動攻擊行為的人，與人相處方面較難於交

心。對他們來說，坦誠和直接交流有相當難度，所以人際關係出現問題是可預期的，而且難以解決。

他們還有一種特色：不做「醜人」。對於他們不同意的事情從不投反對票，但是，他們會發出隱藏式的不屈就或障礙，又是一種無聲的抗議。例如，你和他商量一些家庭活動，孩子提出了去迪士尼樂園玩，媽媽建議去海洋公園，這時，不願意去樂園玩的爸爸是不會說反對的，而是不停地在他們的每項提議中找出種種問題，諸如天氣可能太熱、太陽太猛烈、曝曬會傷害皮膚、下雨就沒趣了！批評多多，但是沒有正面說出他的建議。他們通過否定和消極的態度，以被動的方式對其他人作出操控，但往往卻把操控的罪名放在他人的頭上：「是你們強要去樂園玩的！」

這還衍生出另一個問題：模棱兩可。由於他們不願意直截了當地表達出他們真正的想法和心願，共處的人要依據他們在生活中一貫的、固有的行為模式，才能夠透視出他們的心意，有點兒吃力的。還有非常奇怪的是，他們像是脾氣十分好的人，好像從來都不生氣那樣，實際上特別在公共地方或有其他人在一起時，他們會選擇不直接表露出內心的情緒，包括憤怒。

沒有了表達情緒的對話或動作，他們只有借用這種不明顯和看起來無可指責的途徑來發洩心中的不滿和不平。這裏，我們看到兩件事：1）爸爸行使被動攻擊／侵略的行為，使家人之間的溝通造成障礙，並誘發出家庭中的負面情緒；2）孩子學會了這一套侵略性行為，也同時間剝奪了孩子學習好好溝通和交流的機會。其實，憤怒是正常情緒，不但不應該受

罰，相反，應該得到適當和合宜的處理。倘若在孩子的成長歷程中，沒有其他學習機會的話，將來他們難免會複製爸爸今天的溝通樣式，用被動攻擊／侵略對待其他的家人和朋友。

這種被動侵略行為有甚麼壞處呢？讓我們總結一下這行為所帶來的必然後果。首先，你沒有給自己或其他人有機會聽聽你的想法或感受，對自己的精神健康絕對沒有一點兒好處。缺乏深入的溝通也無助建立與家人和朋友的關係。尤其在同一屋簷下，所有事情需要大家互動和協作，建立默契十分重要。然而，默契倒需要很多很多的認識、了解、明白和互信。

第二，此等行為容易令接收端感困惑。無論是你的孩子、妻子、或其他家人朋友都會感到困惑、不安、冒犯和沮喪。造成人與人之間的不良氛圍。家裏籠罩住負面情緒和張力，像放置了計時炸彈，何來快樂家庭？

第三，這是一種消極的溝通方式，當父母或老師經常以消極的方式與孩子溝通時，孩子得不到正面回應，他們可能會認為自己做錯了事，但不清楚是甚麼地方錯了。這樣長大的孩子會難以確定自己，不清楚錯對，不知道答案，惶惶不可終日，怎能對自己有信心，怎建立對別人的信任！這樣，孩子長大以後，會缺乏了基要的安全感，要重建也極度困難和費力。

第四，這實際上是一種衝突的形式，雙方都不能在問題上明智地做決定或採取行動，令充滿壓力的生活更百上加斤！有媽媽說，把怨氣發洩到她的頭上。因為當孩子不明白爸爸的回應時，會跑來問我。我呢？實際上也不滿爸爸的態度，但又不能對孩子說，壓力十分大。還要作些回應，好說得過

孩子，不然，滿房子都是怒氣沖沖和怒目相向的成員，日子好不容易過呀。

第五，最後，問題仍然沒有解決！因為爸爸用的處理方法是消極的和迴避的，始終從未正面面對問題或提出任何方案。原來，除了各人都滿肚子是悶氣之餘，其他的，甚麼都沒有結果。

爸媽和老師如何克服自己被動攻擊的行為？

（一）寧可選擇良好的感覺，做有建設性的事

實際上，被動攻擊行為並沒有為爸爸帶來絲毫的快樂。為甚麼呢？即使能打敗別人，或者為了惹惱他們，但最後不但問題仍然有待解決，甚至更加難解決，還為自己創造了更加不舒服的感覺。這能量可用在更有建設性的地方去？

（二）學會自信地表達自己。你有權有自己個人的想法和感受，以誠實的心和真摯的態度來與他們交流，以加強你們之間的關係。例如：「我看事情應該是這樣的⋯⋯」；「我相信這件事可以改變過來的⋯⋯」；「我們可以先試一試這方法，看行不行得通？」。

孩子帶出問題時，不要視他們為挑戰者或攻擊者，即使他們抱挑戰的心態或態度，我們作為成年人，不要與他們一般見識，冷靜成熟地處理，嘗試先全面客觀地了解情況，平靜地溝通，不指責、不批判、不攻擊、更不沉默不語。如何平靜地溝通？我們先要知道怎麼樣的溝通是路障，才能掌握有效和順暢的交流和溝通。

「爸媽和老師，請好好跟我説話，
我需要信任、安全感和快樂的成長！」

II. 孩子的沉默攻擊

　　被動行為的模式可能在童年時期的一種應對策略，可能作為對父母的回應，父母可能過於控制或不容許孩子自由表達自己的想法和感受。為了應對，一個孩子可能採取被動侵略行為模式。例如，如果一個孩子曾因公開表達自己的感受，或在別人面前表達過不同意父母的看法或處理手法，導致被人嘲笑、貶低或甚至懲罰，孩子會學會用被動抵抗方式來代替公開表達。「同意」媽媽或爸爸説的，以便成為一個「好孩子」，以免受罰。又或者不誠實地説出自己的想法，保持緘默為上策。如果在懲罰或拒絕式的家庭內，爸媽存在一致的模式，孩子將學會高超的被動反叛技能。

　　小孩被動反叛的例子？幼小的可能會是圍繞廁所訓練和進餐時間分量等的不合作；少年階段的會退出家庭間的討論或對話。在學校選擇科目，會取悦父母，選他們要求的科目，然後不努力功課，甚至拒絕上學，這情況在不少拒學個案中發生（參閱本書第八章〈拒絕上學〉）。所有這些疑難，都是針對不了解他們的父母而作出的，因為孩子發現這樣的行為會

引起注意，造成父母的擔心和不安等。各式各類問題的根源同出一轍。

　　之前提到的另一位青少年子莊呢？子莊選擇不跟媽媽說心底話，因為總是被她用來當把柄或看作是她的失敗，令她更加難受。這便是我們經常說的：「別在他人的傷口灑鹽！」你的子女也不例外！有時，我們不是這個意思，也不是故意帶來傷亡或敵意的。但是，往往聽者所接收到的或理解到的才最重要。

小心説話，更不要不説話。

　　子莊的媽媽沒有沉默不語，她有說話啊！還是一樣碰壁。子莊不滿意媽媽的回應，甚至積怨。媽媽不明白當中的運作，多折騰！到底，可以怎麼樣溝通？子莊和媽媽的溝通有甚麼出錯了？

森馬（陳嘉誠老師）

溝通

溝通不容易,我們總是忽略了它的困難。我們在電話交談,我們在 WhatsApp、WeChat、Messenger、Instagram 聊天,我們使用電子郵件進行比較深入的或辦公室內的溝通和交流,我們還使用 Facebook 來窺探他人的狀態或近況⋯⋯試問每天我們花費在各種通信渠道上的時間有多少?這是否證明溝通是人類的基本需求之一?但是,我們可能不知道如何順利、有效或高效地溝通。為了加強人際關係和所發信息能如期地讓對方接收得到,溝通需要技巧,是要下點功夫的。

我們總是忽視它的困難。雖然每一天,每一分鐘,我們不只以不同形式還要和不同羣體的人交流。在家裏,媽媽需要告訴大家晚餐已準備好、孩子回家時需要和父母打招呼、需要父母在手冊簽名的時候,也要説話;爺爺嫲嫲需要指令某人來幫助他們起牀等等。在工作環境中,我們需要接聽電話,我們需要跟隨老闆的指示,也通過電子郵件或口頭上的對話來工作,我們需要與同事合作處理一宗交易等。即使我們上巴士,我們也需要開口:「麻煩借借!」以便我們能夠到達座位前坐下來或跑到車門口下車!溝通隨時隨地發生。為甚麼我們倒不注意並好好學習呢?

由於溝通是如此的多維度和定向,本書作者將本章重點放在父母或老師的溝通鍛鍊。為了使其簡單易懂,會使用日常生活中的比喻,把溝通形象化,使大家更容易分析和明白不同的情況。

路障

　　我們都不時經歷塞車。只有當我們陷入沉重的交通狀況時，我們才會懂得欣賞交通順暢時有多美好！交通堵塞令我們了解那是如何的耗時甚至浪費時間，降低工作效率，並導致會產生心理上的負面情緒，諸如壓力和困擾，實際上還延遲了會議或工作流程。這與溝通中的路障一樣。

　　為甚麼呢？我們作為一個有情感的人，知道自己會受傷，為避免受傷害，我們本能地會先保護自己，為自己設置屏障，但很多時候，這些屏障倒成為我們和其他人之間的欄籬，令溝通不暢順，信任缺乏，嚴重者可能感情難再！早在 20 世紀 70 年代，被提名三次諾貝爾獎的湯馬士・哥頓（Thomas Gordon），設計了一套有效的家長培訓模式 Parent Effectiveness Training（PET），沿用至今，其中他提出 12 項溝通的弊病，稱之為「路障」。作者借用了湯馬士・哥頓制定的路障概念，利用了生活中突顯的角色法官、醫生和售貨員，從反面的角度來討論溝通這回事。見到地雷，又明知它的威脅，我們便會本能地逃跑和學習避開危險的陷阱。

　　讓我們在行車之前，首先檢查一下「路障」，以確保通行無阻。當你讀到這裏，你可能會覺得被人抽後腿了，因為這麼多常規的回應方式，現在都被稱為「路障」！

1 法官式的溝通

法官在社會中的地位無人置疑，他們的權力甚至高過政府任何一個部門，因為司法獨立。他們的角色是執行判決，普羅大眾對他們的態度都是必須完全服從、尊重和敬畏。作者出入學校和大學教室講座數十年，也甘拜下風。如果你未曾進過法院，未看見過或感受過在無上權力之下，你要如何警醒、克制、守規、如何無法自己的狀態，作者鼓勵你去公開法庭坐坐，感覺一下。問問自己，如果我的家人長期處於這種狀態，還有誰會愛回家？然後，再來重整你和其他人，特別是與孩子的信息傳遞作風。

批判式

對他們的行為或態度作負面評價

「你處事永遠是一塌糊塗！」

「脖子痛？你自己打機找來的，不要跟我說。」

「早告訴你不要吃即食麵，現在肚子痛是自討苦吃！」

「成績這樣子，懶惰！」

如果你想要改善你的溝通方式，只懂經常以手指指向孩子作批判是不良的着眼點。一塌糊塗的孩子可能有缺乏專注力的困難，需要你們的理解和教導；喊肚子痛的孩子可能得了盲腸炎，延誤了醫治可能會變腹膜炎；成績未如理想的孩子可能有學習困難，需要你們的鼓勵和支援……

法官錯判了，可以上訴和翻案；但是，父母的錯判，沒有上訴也沒有翻案。時間過去了，塗改液矯正不了父母和教師的錯誤判斷，像紙張上的塗改液痕跡一樣，孩子的腦袋上標

記着這些負面的對話。

指令式

尤其是父母或老師，最擅長於指示和下命令。指令孩子做你想要他們做的。完全沒有機會給孩子解釋或者說不，更遑論有詢問過他們的意願。說話總是從上而下，並且是結論來的。

「現在立刻做你的功課。」為甚麼？「因為我這麼說！」

「不要為自己感到遺憾啊！」為甚麼？「因為我知道這麼說不好。」說話總是從上而下，並且是結論來的。最擅長於指示和下命令。

「你們拍全班合照時，男孩子全部把冷衫除下來，女同學則穿上校褸。」

「今天小息，我們班要再排練唱歌，同學將所有其他活動取消。」

審犯式

封閉端式的問題往往製造關係的障礙，這些問題通常只准許用簡單的「是」或「否」或者只用幾個字回答。總是用指頭指着孩子說：「你……你又……都是你！」令孩子有被指控的、受威脅的感覺。

「它是甚麼時候發生的？」

「你感到慚愧嗎？」

「你有沒有用？」

「為甚麼上課還是不專心？」

「甚麼？你又和同學打架起來呢？」

「為何發展到這地步還不告訴我？」

理論式，邏輯論證

試圖用訴諸於事實或邏輯的方法來說服對方，而忽略了所涉及的情感或情緒因素。明顯看事情十分簡單並且單向，沒有其他角度或者考慮因素。這會令交流窒息而停止，因為聽者會覺得你已不可理喻。

「看看事實，如果你數學測驗沒有不及格，補習班要花的金錢，足夠我們買麵包機了。」

「你有甚麼錯？你錯的是愛玩電腦遊戲，而花太少時間在學習上。」

「你總愛說累呀累！有甚麼令你那麼累？玩的時候不會累，你厭倦溫習讀書罷了！」

「你要跟我理論！好吧，不用花時間溫習也考上第七名？你的班是精英班嗎？只是普通班，一定有成績非常差、能力十分弱的同學替你墊底罷了。不是你的成績好啊！」

法官式溝通的後果

我們從兩個角度來看待法官式的溝通：長期效應和即時或短期的影響。

長期效應

所有這些類型的反饋，如果發生得太頻繁，肯定會讓孩子們認為你不愛他們。最糟糕的還是帶個人判斷或批判式的話語。孩子真的會感覺差劣，覺到自己不如人，不值一文，因為父母的判決負面。這是非常糟糕的，因為孩子的自我評價和自我價值，大部分由父母和老師的評價和反饋中發展出來的。

　　此外，孩子和父母之間也會產生互不信任和互不接納。孩子還學會了害怕強權和權威，因為父母令他們習慣妥協，別無選擇，只能跟隨父母的意願和指示。與此同時，孩子也學會了放下自己的感覺、需要和喜惡，糟糕的是，他們不知道自己的需要和感覺有多麼重要。

　　即時結果或短期的影響

　　a. 他們將隱藏一切發生的事和感受，不會讓你知道，因為不想被你批判。

　　b. 聰明的孩子甚至會還擊父母的不是。

　　c. 如果不幸地父母的判斷正確，碰到孩子的傷口，他們會建立憤怒和仇恨等等的消極情緒。

不要說削弱孩子自尊心的話。這會破壞他們的動力、
自主性和自我評價。

2　醫生大夫式的溝通

診斷式

動輒分析其他人的行為，像個業餘的精神科醫生。

「我可以看透你，你所做的，為的是要激怒我。」

「就因為你上了大學，你不用聽我的說話了，覺得你比我更『醒』？」

「整天不說話，患上自封閉症？」

激怒你的孩子，有機會在尋找你的注意，孩子總是有些甚麼需要想要你們知道。不聽你話的孩子，自己已在掙扎求存，剛上大學的孩子，面對十分大的轉變，嚴重的會有適應困難，他們最需要的是家人的支持、安撫和引導。整天不說話的孩子，可能患了抑鬱病，可能在抗議些甚麼，也可能在思考嚴肅的問題⋯⋯孩子出現不尋常或奇怪的行為，不過早分析，不先行指責。先問後責，才是上策。

忠告式

「如果我是你，我一定告訴老師。」

「這問題要解決，十分容易吧。第一⋯⋯」

「你聽我說！應該這樣做，那樣說⋯⋯」

「你為甚麼不向老師好好解釋呢？」

「建議」是父母或任何長輩向孩子最常見的說話，特別是華人，父母、長輩和老師自然而然都會向子女或學生提供解決問題的方案。

安撫式

「那麼糟糕啊！下次可以吧！」

「別擔心，老師不會懲罰你很久的，遲早會歸還手機給你的。」

「看妳這麼瘦弱，只有那 70 多磅，在學校暈倒怎麼辦？看醫生沒有啊？」

試圖阻止他們繼續感覺或表露負面情緒。可憐，是一種不尊重的態度，是存有由上而下的姿勢。每一個人都希望受尊重，得到平等看待，不會喜歡別人可憐！

分散轉移式

「不要與同學糾纏了，我們來談談一些更愉快的事。看卡通片嗎？」

「你覺得自己已經好慘？讓我來告訴你發生在我身上更悲慘的事情。」

「讓我們來談談愉快的事情；這週日爸爸放假，我們出外走走吧！行山也好。」

「同學怎樣欺凌你，都不用管！讀好書才是上策；對了，派成績表了嗎？」

將孩子的問題放在一邊，通過引開視線，令他們分心。問題在於，孩子的關注沒有得到重視，沒有聽得入耳？還有他們的困難根本沒有解決。

醫生大夫式溝通的後果

假若父母當起醫生來，醫生也有不同的工作和技巧，我們只討論其中三種：I) 診斷、II) 建議和 III) 轉移視線。

I) 學醫生診斷，但又不懂治療，問題就出現了。

首先，如果孩子發現父母或者老師竟然在分析他們，這對孩子來說實在太可怕了，也確實令人沮喪。這樣做，我們有兩個可能的結果，但兩者都不幸地是糟糕的。

一，如果父母或者老師的分析太準確，孩子會有「暴露」和給人「看穿」的感覺，他們可能會生氣和感到不安。在他們內心深深處，有一種莫名的不安全感。

二，如果分析完全錯誤，那麼，孩子同樣會生氣和不安！因為他們會感到被指控。

　　這樣有甚麼後遺症呢？孩子會不敢說話，有甚麼問題都不再願意和父母或者老師報告了。

　　II) 醫生給予建議，我們總是非常聽話。想想，那通常是甚麼時候呢？是我們患病並且很不舒服的時候，需要別人拯救。他們又是誰呢？是專業人士，有特別資格的。醫生的地位優越，是廣為人知的，十分受尊重的。父母如果天天在扮演這角色的話，一定碰壁。為甚麼？

　　a. 孩子可能不需要任何建議。「不請自來」的建議都令人不安。如果你經常收到不受歡迎和不需要的建議，任何人都會覺得很煩人。

　　b. 父母或者老師試圖取締醫生的優越地位會讓孩子感到不舒服，因為父母或者老師即使表現出色，但診斷沒有醫生那樣專業。孩子會不高興，因為此舉顯示出孩子的卑劣，他們甚至會反感，感覺討厭。

　　c. 此行為可能會帶來一個負面的影響：孩子覺得父母或者老師對他們的處理沒有信心！孩子才知道原來爸媽或者老師對他們根本不了解。

　　d. 最後在實用性方面，這樣會鼓勵孩子不要思考，只要他們需要做某事，作出任何決定就會依賴父母或者老師。

　　III) 醫生進行治療時，一定要安頓病人的情緒，給他們定心丸，相信醫生的診斷。恐懼、恐慌、害怕、不確定等情緒，一般出現在病人治療前和治療過程中，有時，醫生會通過阻止病人的感覺或思考方式來使病人冷靜下來。有時外科醫生如華陀一樣，甚至需要轉移病人的注意力，以便更容易地完成手術或其他針藥治療程序。

但是，如果我們把這些情境搬到家裏或學校的話，當受眾不是病人而是子女或學生的時候，無論是強行安撫、或是轉移視線，都不是合宜的取態。為甚麼呢？

試想想孩子會有甚麼反應？他們會這樣說：「你根本沒有聽清楚我所說的話，跟你們說話是浪費時間！下次不會再跟你們講！」

孩子有如此的反應是合理的，因為他們得不到重視或關心，父母或者老師像聽不入耳？因為他們迴避了而不作正面回應。孩子感受到的是強烈的不尊重。也好像是企圖不肯承認他的情緒或問題，更談不上解決問題。像本文的個案子莊那樣試圖與媽媽交心，告訴她自己成績退步了，與同學爭吵，有點不開心。媽媽的回應總是講其他人，其他事，例如：「我們家有海景多開心，表姐約吃晚飯，輕鬆下吧……」子莊感到真難過！

3　推銷員式的溝通

推銷員的工作是要進行游說，通常他們會首先誇讚你，軟化你的防護戒心，試圖令你喜歡他們的說話。由於推銷員都不認識你，他們不知從何入手，唯有看見你身上有些甚麼便大力稱讚，甚至誇大其詞，準確度可想而知了！但至少你會回應他們。

這便是他們開始說教的時候，告訴你有些甚麼新發現、新產物，如何改善你的生活。當他們發現你興趣不大時，會開始恐嚇，嘗試把你的注意力奪過來，也把你的心奪取，要令

你因為害怕而就範。最後，如果你抗拒他們的話，他們會老羞成怒，發脾氣、說話冷嘲熱諷，甚至有失控的推銷員會大吵大罵！因為，他們已確定希望幻滅，已失去潛在的消費者；還有，他們懊惱所說的話都不奏效！這類似的情景是否似曾相識呢？經常在你的家裏、教室裏發生？

誇讚式

「你真是個好孩子。我知道你會幫我修理電腦的。」

老師給學生的評語：「你真是一個大詩人！」

大讚孩子的才能、行為或態度，給他們扣高帽子。很多人覺得很難置信，好評也是高風險的反應，也會成為溝通的障礙！因為這些誇讚已經令對方無言以對了。唯有不說甚麼。

說教式

「你不應該還手打他，你不應該與他爭論！」

「你應該告訴他，你很遺憾便是了。」

「忍耐是你應該學會的一種美德。」

「你是女孩子，斯文點吧！」

這是香港父母和老師的能事，道德說教，經常要告訴孩子應該不應該做的事情。

威嚇式

「你現在不停止製造噪音，後果不堪設想！放學後我會請全班同學一起留下來！」

「我的容忍度有限，再有人在我講書時說話就給我滾出去！」

「如果你仍然不上學的話，我不會給你零用錢！」

「十八歲你可以自立了，自己搬出去吧，不要再把我的房

子弄得天翻地覆，一團糟！」試圖以不理會後果的説話來控制孩子的行動。例如警告以後不給零用錢、不讓孩子飯吃等，可是實際卻未必可行。説的人到頭來辦不到也極懊惱，聽的人極為反感，而往肚裏咕！

謾罵式

「哭哭啼啼，真像個女人！」

「短髮就像一個男孩，你要做 tom boy 嗎？」

「無心向學，去鄉下耕田吧！」

踐踏孩子或強行將孩子定型，遑論會體諒孩子的感受和自尊，就是連最基本的禮貌也沒有！我們教懂孩子甚麼？可以隨便批評和挑剔他人。試問如何教孩子尊重別人呢？今天你揶揄孩子；明天他們會用同樣態度和方法揶揄身邊的人，包括年事漸長的你們和孩子將來的下一代！

推銷員式溝通的後果

「應該……應當……要這樣……要那樣……」

説實在的，每天遇上那麼多推銷員，甚麼時候你會認真聆聽他們的話呢？大多數時候，我們都只是敷衍他們，除非對那類產品真的有興趣的時候，否則大部分人只會感到很厭煩。

「應該……應當……」等都是借用外力的説話，訴諸權威，有強行的、本分上的意味。恐嚇和嘲諷的説話只會令人討厭：

1) 這些對話並不個人化，不是為他／她而設。

2) 如果孩子未能做到「應該的」和「應當的」，會感到

內疚。

3) 感到父母或老師都不信任他們的判斷力才經常「鵝」他們。

4) 無論是説教、威嚇或誇讚，都為孩子帶來「不及格」的經驗，經常發生會使孩子變得退縮，反叛起來會考驗父母有多堅持，也會挑戰他們的底線。處理不好的話，孩子會累積怨氣，並且懷了敵意。

5) 退縮、懷敵意、得不到信任的孩子都不快樂、不滿足，他們的自我價值也就出現問題。

辨認路障，
挪開路障，溝通之路必暢通無阻。

路障之後

一些説話方式在對話中承擔着很大的風險，包括會即時損害兩人之間的關係，觸發對方的不足感，惹起大家的憤怒，挑起另一方的依附和無能無力感。

這些對話的障礙在於削弱孩子的自尊心，破壞他們原有的動力，也減低了孩子本來的自主性。更糟糕的是，極有可能令他們將評價重點放在自己身體和能力以外的事物上。但幸好這些説話作風像壞習慣一樣，都可以糾正過來。

　　我十分喜歡一則舊廣告，廣告中母親溫柔和真誠地談及她經歷過的憂慮，她兒子蘇樺偉的成長，她對孩子的心願、將來和期盼，她的説話令你感到舒服和真誠。不虛假，不挑剔，不膚淺，也不批判，她只表達自己的感受和心情。她摟着兒子的一幕，你看見她眼有淚光，面容上有一分滿足和自豪。那是百感交集的話兒！不是任何言論或説話可以告訴得到你的！

　　也許你對這廣告有不同的印象和理解，你可能完全不贊同我的解讀。正常！因為我和你是不同的個體，帶着不同的教育和文化背景、經歷，來作為解讀這廣告的基礎條件。同一個廣告都會帶來不同的理解和印象，溝通，談何容易！人與人之間的溝通就是這樣的微妙和複雜？父母與子女，老師與學生，上司與下屬，丈夫與妻子，兄弟與姊妹，朋友與同事，鄰居與傭人……

　　當你學會聆聽，有主見，表現堅定，懂得解決衝突和矛盾，並且能更有效地解決人際關係的問題，經營你和孩子之間的關係，溝通路障將必定會自然而然地大幅減少。

　　　　先發問、後發表；
　　　　是欣賞、非挑剔；
　　　　多鼓勵、少責備；
　　　　共解難、棄批判。

情緒錦囊

不、不、不

不　披上法官的法袍。審判是一件令人難過的事。這不是古語有云:「生不入官門」?

不　坐醫生的座位。無故把孩子診斷為有病,對雙方都沒有益處。

不　站着做推銷員。不要硬銷自己的一套,勉強無幸福。

學、學、學

學　説話柔和、肯定、有建設性。

學　冷靜自信,撫平挑戰。

學　掌握重點,清楚表態。

思考課題

1. 個案中的娜娜，她的父母為甚麼不說話？

   a. 爸爸：＿＿＿＿＿＿＿＿＿＿＿＿＿＿＿＿＿

   　媽媽：＿＿＿＿＿＿＿＿＿＿＿＿＿＿＿＿＿

   b. 你有類似的經驗嗎？結果怎樣？

   ＿＿＿＿＿＿＿＿＿＿＿＿＿＿＿＿＿＿＿＿＿

   c. 你學會如何克服嗎？

   ＿＿＿＿＿＿＿＿＿＿＿＿＿＿＿＿＿＿＿＿＿

2. 有哪些心理因素令娜娜的爸爸不說話？請列出三項。

   ＿＿＿＿＿＿＿＿＿＿＿＿＿＿＿＿＿＿＿＿＿

3. 娜娜的爸爸不說話有甚麼壞處呢？請列出三項。

   ＿＿＿＿＿＿＿＿＿＿＿＿＿＿＿＿＿＿＿＿＿

4. 孩子的沉默代表甚麼？現實生活中，有甚麼因素令你的孩子沉默？請列出三項。

   ＿＿＿＿＿＿＿＿＿＿＿＿＿＿＿＿＿＿＿＿＿

5. 文中有沒有一些路障是你們經常觸犯的呢？

   a. 自我檢視：1) ＿＿＿＿＿＿＿＿＿＿＿＿＿

   　　　　　　 2) ＿＿＿＿＿＿＿＿＿＿＿＿＿

   　　　　　　 3) ＿＿＿＿＿＿＿＿＿＿＿＿＿

   b. 其他人反映：1) ＿＿＿＿＿＿＿＿＿＿＿＿

   　　　　　　　 2) ＿＿＿＿＿＿＿＿＿＿＿＿

   　　　　　　　 3) ＿＿＿＿＿＿＿＿＿＿＿＿

   c. 1) 如何糾正？請找出溝通時的原則。

   ＿＿＿＿＿＿＿＿＿＿＿＿＿＿＿＿＿＿＿＿＿

   　　2) 為自己寫下一些與孩子溝通時可以使用的正面字句。

   ＿＿＿＿＿＿＿＿＿＿＿＿＿＿＿＿＿＿＿＿＿

參考書目

林少峯、黎子良 (2014)：《望子成龍的迷思》，香港：中華書局。

Boltton, R. (1979). *People Skills: How to Assert Yourself, Listen to Others, and Resolve Conflicts*. New Jersey: Prentice Hall.

Gordon, T. (1970). *Parent Effectiveness Training*. pp. 41-47,108-117, and 321-327.

Long, J.E., Long, N., & Whitson, S. (2008). *The Angry Smile: The New Psychological Study of Passive-Aggressive Behavior at Home, at School, in Marriages and Close Relationships, in the Workplace and Online*. Publisher: PRO-ED, Inc.

Whitson, S. (2013). Confronting passive aggressive behaviour. *Psychology Today*.

Whitson, S. (2014).7 Reasons Why People Use Passive Aggressive Behaviour. Why passive aggression thrives in families, schools, relationships and offices. *Psychology Today*.

圖畫提供

頁 241、249	Summer, D.（森馬，陳嘉誠老師）[@damienforestartist](2020).The Hatees Comics. Retrieved from https://www.instagram.com/damienforestartist
頁 248、249、255、262、262-264	鄺司睿，青年女子，自小診斷智力障礙與自閉症

油畫出處

頁 269	Summer, D.（森馬，陳嘉誠老師）(2020). Youtube Channel: Damien Summer 森馬. Retrieved from https://www.youtube.com/channel/UCAq32qOHNGxyQ0R-tyvFNEQ

跋

　　吾生也幸，生此福地。久聞亂離，未見兵燹，此一幸也。
吾生多病，兄弟亦多故，苟且至今，年逾從心，得享高壽，此
再幸也。平生所好，唯好看書，業人之所患，執夏（音假借之
假。）楚二物，得天下之英材而育之。「晚有弟子傳芬芳。」
見杜甫《觀公孫大娘弟子舞劍器行》。薪火相傳，吾道不孤。
此三幸也。余何德何能，膺此三幸，則死亦無憾焉。

　　十年樹木，百年樹人。然人生年不滿百，何以樹之？曰：
教育而已。唯今人少無家教，閫無《內則》。王陽明云：「**殺山
中賊易，殺心中賊難**」，經驗之談。蓋心病仍須心藥治，對症
下藥，捨此別無他途。泰西科技昌明，其治心之術，曰心理
學。林黎二君，負笈英倫，專攻心理，積學儲寶、造福社群。
工作多年，不忘進修。今將歷年青少年心理問題及處理方法，
擇其要者，彙集一書，付梓出版。其大雅君子，教育工作者及
學生家長，從中借鑑，不無裨益。索跋於余，欣然命筆。

黃國致老師

庚子暑月

鳴謝

作者衷心感謝中文造詣精湛的黃國致老師不辭勞苦、風雨不改地為我們閱稿。在努力保留原文的同時，令我們的遣詞和用字更精確無誤。更感謝黃老師執筆撰跋，深表銘感。

又蒙蔡元雲醫生、鄭德富校長、譚玉瑛姐姐賜序和鼓勵，獲益良多，他們都是不同界別的代表人物，能夠得到他們的賜教和鼓勵，深表謝意。

難得森馬（陳嘉誠老師）、兩位有特殊需要但繪畫能力出眾的年青人余祖堂先生和酈司睿小姐，及兩位仍就讀小學的男孩子古頌一和古崇一為此書作畫，他們極具創意的構思，真情流露的畫風，令此書生色不少。

最後，要感謝書本中所提及的不同個案及家人，他們的經歷除了豐富了我們的眼界，也着實幫助了不少人的成長。雖然個案的成長來得不易，但經歷過磨練之後，他們更趨成熟和穩健，更有信心地向前邁進。

森馬（陳嘉誠老師）
油畫作品 *Little Van Gogh's Listener*，20" x 24"